誰とでもうまく話せる人が、
いつも考えていること

考えすぎて
言葉が出ない
がなくなる

齋藤 孝

サンマーク出版

はじめに

「こんなことを言うと、どう受け取られるだろう」

「これを質問したら、引かれるかな？」

「こんな話をして、嫌われたかもしれない」

「すぐに言葉が返せなかったけれど、ノリの悪い人だと思われているだろうな」

「へんなことを言っちゃった気がする。どうしよう……」

人間関係は、考えすぎると疲れますね。
すると会話も億劫になります。
もう一歩踏み出せば、もっと仲良くなれたり、
仕事や人生によい影響を与えてくれる人と出会えるかもしれないのに、

もったいないことだと思います。


今の世の中は、スピードの速いやりとりが増えています。

テレビや動画を見ると、テンポのよいかけあいであふれています。

そんな状況もあってか、必要以上に話し方のレベルが上げられているような気がします。

でも、そんな勢いのある話し方ばかりが日常的になるとどうでしょうか?


ぐいぐいこられると疲れてしまう。

でも、沈黙もつらい。

そんな気持ちを持つ人も多いのではないでしょうか?

今の世の中で好かれる人は、強い口調で話すよりも、誰もが安心できるようなやさしい空間を作ってくれる人のように思います。

気配りのある雑談で、何気ない会話が自然にできる。

そんなやりとりの積み重ねで信頼関係が生まれ、仕事や日常がより充実したものになっていきます。

「話が上手・下手」は性格ではない

「自分は性格的にもそんなに話すのがうまくない」と苦手意識を持っている方がいるかもしれません。

でも、断言します。

「話がうまいかどうか」と「性格」は、まったく関係がありません。

私は、今までの約40年間で、何万人という方を相手に、コミュニケーションの講義をしてきました。そこでわかったのは、「話すのが苦手」という人は誰もいない、ということです。

では、なぜ、「自分は話が苦手」と思ってしまうのか。

それには「**思い込みの部分**」も少なくないように思います。

もしあなたが「こんなことを言って、へんに思われたかも」「話が盛り上がらなかった」と感じたとしても、相手はあまり気にしていないかもしれません。

「話に入れなかった」「自分のことがあまり話せなかった」とがっかりしていても、相手は、その場を盛り上げてくれたり、話を聞いてくれたりしたあなたに感謝しているかもしれません。

自分の根拠のない思い込みで、自信を失ったりがっかりしたりして、「人間関係って疲れる……」と思ってしまうのは、少しもったいないと思いませんか？

今はSNSで多くのコミュニケーションが足りてしまう時代です。

「SNSで話が完結してしまうからこそ、リアルのお誘いがしづらい」とか、「SNSなら自分のペースでやりとりができるけれど、実際に会うのは疲れる」という話も聞かれます。

でも、やっぱり人と会って話すことは、今まで知らなかった相手のことに気づいたり、新しい世界を知ったりと、自分の人生を豊かにしてくれます。

自分に自信を持てるようになるし、自ら場をつくって相手をリードしていくこともできるようになります。

上手に相手との距離を縮めたり、関係を深めたりしていくことができれば、ストレスなく、一人では知ることのなかった世界も見えてくることでしょう。

実際、私が教えている大学で学生たちを見ていても、クラスの主役になれるのは、「積極的に自分のことを話す人」よりも、「自分は中心にはならないけれど、その場をうまく回せる人」です。

テレビに出ていて重宝されるのも、「その場をうまく調整できる人」です。

そうした人は、いつの間にか、「その場になくてはならない人」として、認識されていくのです。

では、そんな人たちはどんなことを考えているのか。

話せる人とそうでない人、その大きな違いは、たった一つです。

「自分が何を話そうか」という意識から「**この場をどうしようか**」に意識を変えるだ

けです。それだけで、ラクにその場を動かしていくことができるようになります。

「人と話すのが疲れる」と思っている人も、この方法を知っていれば、もっと積極的に話せるようになるはずです。

今まで「自然にできる人」だけが知っていた「会話」や「話し方」と、その考え方について、今回はまとめていきたいと思います。

誰とでも、堂々と楽しく話ができる人が増え、人生を豊かにしていくきっかけになれば幸いです。


コツさえ知れば、誰でもできる。それだけで人生が変わっていくでしょう。

齋藤　孝

第1章
「話すのが苦手」のほとんどは思い込みです

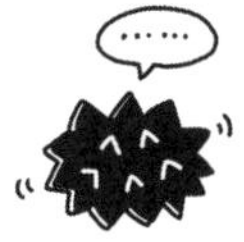

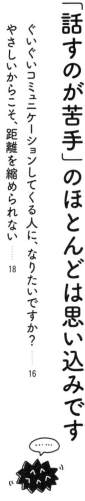

第2章

初対面でも話が続く人、途切れる人

第3章

また会いたいと思ってもらえる人の「聞く」技術

第4章 相手との距離を縮める話し方

第5章

広い人間関係をつくる

編集協力　甲斐ゆかり（Third Eye）
カバーデザイン　小口翔平＋畑中茜（tobufune）
イラスト　ひえじまゆりこ
本文デザイン　荒井雅美（トモエキコウ）
本文DTP　米山雄基
校正　株式会社円水社
編集担当　多根由希絵（サンマーク出版）

第1章

「話すのが苦手」のほとんどは思い込みです

ぐいぐいコミュニケーションしてくる人に、なりたいですか？

職場や学校、何かの会合で、初対面の人にも積極的に働きかけ、その場を盛り上げたり、話題の中心になったりすることが得意な人がいます。

いつも多くの人の輪の中にいて楽しそうにしている――。そんな人を見ると、少しまぶしく感じる人もいるかもしれませんね。

ですが、ぐいぐい前に出てくるような人は、コミュニケーション力がある半面、ややうっとうしさを感じさせることもあります。

自己アピールに長け、自信たっぷりに自分を押し出す姿には「すごいな」と思わされるけれど、一方的に話を聞かされたり、するつもりのない約束をさせられたり、面倒臭いところもあって、一緒にいて必ずしも楽しくはない。

そんな「ぐいぐいくる人」に、あなたはなりたいでしょうか？

こういう人は、「仕事ができる」印象もあります。仕事というものはそもそも、人柄とかやさしさ、思いやりといった人間的な部分より、効率とかスピード、リスク管理といった非人間的な部分で勝負する面もあるので、周りを気にせず、ぐいぐいいける人のほうが有利なこともあるでしょう。

しかし、「この人と一緒にいたい」と思ってくれる人は、果たしてどれくらいいるでしょうか。仕事の場でも「ちょっと苦手」と思われていて、いざというときに助けてくれる人は意外と少ないかもしれません。**もう一度聞きますが、そんな人にあなたはなりたいでしょうか？**

それよりも、あなたらしいやり方で、感じよく話せるほうが、よっぽどよいのではないでしょうか？

やさしいからこそ、距離を縮められない

新入社員が入ってきた、4月になって新しいクラスになった、そんなタイミングで、「グループのみんなと仲良くなりたいから、飲み会を企画したい」と考えたとします。でも心の中では、

「誘ったことで『何この人? 図々しい』と思われたら嫌だな」
「自分が最初に声をかけることで、目立とうとしていると思われないかな」
「スルーされたらいたたまれないな」

と、躊躇《ちゅうちょ》する人もいるのではないでしょうか?

私は長く大学で学生たちを見ていますが、特に最近の若い人は、人との距離を一気に詰めない「やさしさ(慎重さ、臆病さ)」を持っているように思います。要するに、

距離をとりながら相手に徐々に近づこうとする。急に近づいたりせず、どこまで自分を受け入れてくれそうか、慎重に間合いをはかる傾向にあるようです。

間合いを詰めすぎると嫌われて、自分が傷ついてしまうかもしれない。だったら傷つかないために誘わないようにしよう。そんなふうに考えているように見えます。

私の造語ですが、**「コミュニケーションの結界」**ができている感じです。**「様子見結界」**ともいえます。

でも、その「結界」にあえて踏み込んで、飲み会を開催してくれる学生がいると「誘ってくれて嬉しかった」「企画してくれてよかった」という声があがります。

結局みんな、「結界」を破る人を待っているのですね。

だから、ちょっと勇気を出して誘ってみてください。

そのときに躊躇しながら声をかけると、何を言っているのか気づいてもらえなくて、悲しい気持ちになることもありますから、簡潔に言うといいと思います。もちろん、ＬＩＮＥで伝えてもいいですね。やってみると、「なんだ、こんな簡単なことだったのか」と気づくでしょう。

なぜ、他人と話すと疲れるの？

冒頭でも話しましたが、多くの人は、他人との会話について、あれこれ考えすぎです。


「こんなことを言ったら引かれるかも」

「こんなことを言っちゃったけど、どう思われただろう」

「こんな提案や質問をしたらバカだと思われるのではないか？」

などと考えるから、疲れてしまいます。


これは、いわば、「相手の向こうに自分を見ながら話をしている」状態です。相手から自分はどう見えているんだろう。その姿ばかり気になって、結局、相手ではなく自分に意識が向いてしまう。相手も同じような意識だと、**お互いに「相手に映ってい**

お互いに鏡を見合って話をしている状態

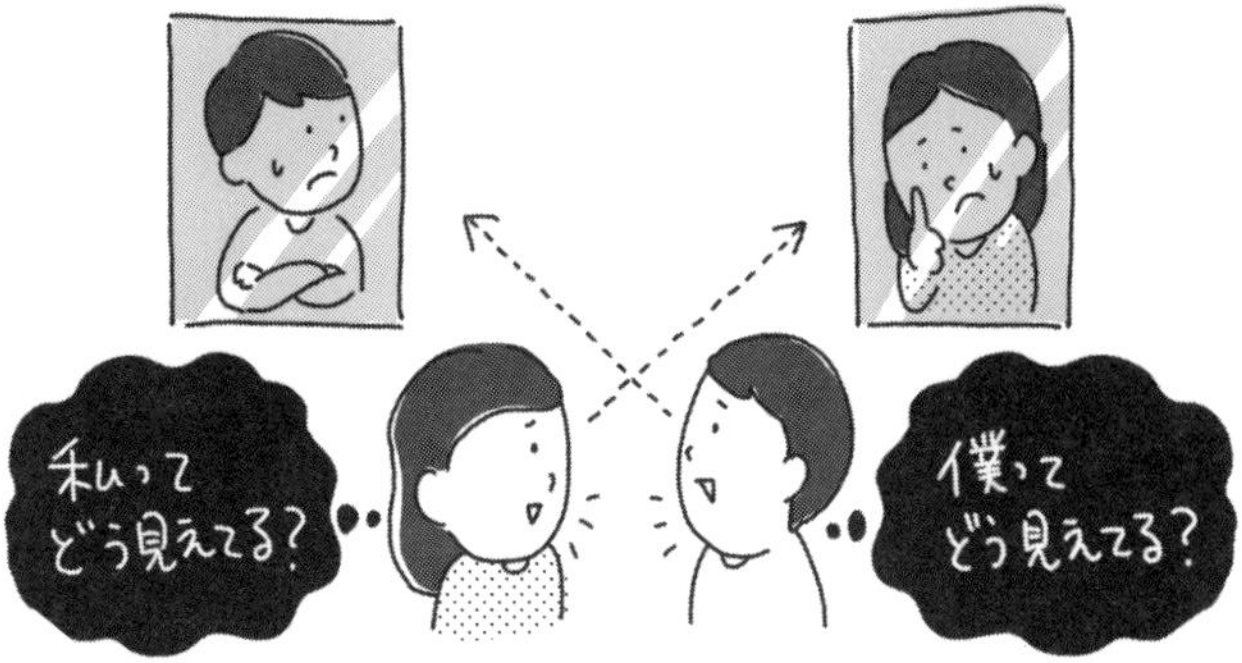

る自分」というものを見よう見ようとしてしまいます。

これではコミュニケーションどころではありませんよね。不必要なエネルギーを消耗するだけです。

私は大学の先生ですので、ここで少し難しい話もしておくと、ノルベルト・エリアスというイギリス国籍でユダヤ系ドイツ人の社会学者が、『文明化の過程』（法政大学出版局）という大著を書いています。ヨーロッパにおいてどのようにマナーが生まれ発達していったかという文明論をまとめた本です。

この本によると、文明化とは、マナー

がよくなる歴史です。荒々しく図々しかった人々の振るまいが、マナーがよくなってくることで自己をコントロールできるようになっていくのです。すると、人間はどんどん繊細になっていくというのです。

私たちが繊細な感性を持つようになったのは、文明が発展した結果ともいえるわけです。

そうはいっても、自分が他人に好かれているかそうでないかを気にしすぎるのは、ただ疲れるだけです。極端なことをいえば、**もう少し図々しくなっても大丈夫です。**

「否定された」「嫌われた」は思い過ごしかもしれない

コミュニケーションに苦手意識を持つ原因の一つに、「自分のことを否定された」という経験が挙げられます。

「そんなこともわからないの?」

「もういいや」

といったあからさまな言葉から、

「話したのにスルーされた」

「発言したら場が静まり返った」

といった状況まで様々ですが、好意的な反応が返ってこないと、くじけるものです。

これが続くと、「嫌われたかな」「自分は人と会話をするのが苦手なのかもしれない」という意識が強くなっていきます。

それでも否定されることをあまり恐れない、というか、否定されたと思わない。心の習慣が身を守るバリアになります。

要は**「気にしない」**ことが結構重要です。

自分は「否定された」と思っても、本当は「否定されていない」

なかには、否定されていないのに、「否定された」と感じてしまうこともあります。

たとえば次の会話を見てください。

A　僕は、朝はパン派なんだ。

B　でも、私はご飯がいいな。

A　今年の自転車レースは、UAEの圧勝かな。

B　でも、昨年も強かったよね。

この会話は、別に相手のことを否定しているとは限りません。それなのに、**「でも」と言われた瞬間に、「否定」されたような気がしてしまう**のです。

この場合、相手はその人を否定するつもりで言ったわけではないことがほとんどでしょう。「否定された」「嫌われた」と感じるのは、**事実ではなく、自分の受け止め方が原因**ということも大いにある、ということです。

「意味のつながり」と「感情のつながり」

そもそも会話には「意味のつながり」と「感情のつながり」があります（後ほどくわしく説明します）。

他人の言葉で落ち込みがちな人は、ここをうまく切り分けられていないところがあるようです。

前の会話の「意味」としては、

「私はパンじゃなくてご飯がいい」

否定するつもりはなくても、否定したと受け止められる

僕は朝はパン派なんだ
そっかー
でも私はご飯がいいな
自分の受けとめ方が原因
否定された!!
意味のつながり
（話に乗っただけで、否定はしていない）

「UAEは今年だけじゃなく昨年も強かった」

ということです。しかし、「感情」としては、特に相手を否定しようとする気持ちはありません。単に「自分はこれが好き」「昨年のことを知っていた」から発言したに過ぎないのです。

むしろ、話に乗ってくれたのですから、「あなたと話したい」という意思表示でもあるのかもしれません。

実際、否定されていないのに、自分が勝手にそう受け止めてしまっていることは多いものです。あまり気にしないのが一番でしょう。

人と話すのが疲れる本当の原因

人と話すのは疲れる。

相手とどう接したらよいかがわからないし、相手によって気をつかわなければならないこともあるし、もう他人と話すのも面倒くさい……。

友人とはSNSでつながっているし、休日も家でネットフリックスや動画など、見たいものもたくさんあるし、あえて人と話して疲れるような思いをしたくない。

そう思っている人も、意外と多いのではないでしょうか？

では、なぜ、そんなに疲れてしまうのでしょうか。

コミュニケーションで疲れる人には、共通点があります。

それは、**「人格」でコミュニケーションしようとしている**ことです。

相手と会話をする際、一対一の人格で向かい合おうとすると、常に自分自身が前面に立つことになります。すると、相手の言葉を直接的に受け止めることになるため、何か言われたときに傷つきやすい。だから自分が相手にうまく反応できないと、自己嫌悪に陥ったり、自信を失ったりします。

しかしコミュニケーションにおいては、**相手と向かい合わないほうが、圧倒的にラクなのです。**

そのためには、どうするか。相手との間に、共通して話せる「話題」を置くのです。

たとえばスラムダンク世代なら、「映画の『THE FIRST SLAM DUNK』は観ました?」と切り出してみる。野球の話題が出たら「大谷翔平選手はすごいですね……」とネタを振ってみる。

つまり、一対一の人格として向かい合うのではなく、相手との間に話題になるような対象を持ってきて、「スラムダンクの映画について語り合う二人」とか「大谷翔平選手について語り合う二人」という構図をつくるのです。すると、お互いの人格をのぞき込むようなことにならず、平和に盛り上がることができます。

「人格－話題－人格」のフォーメーションで話すと疲れない

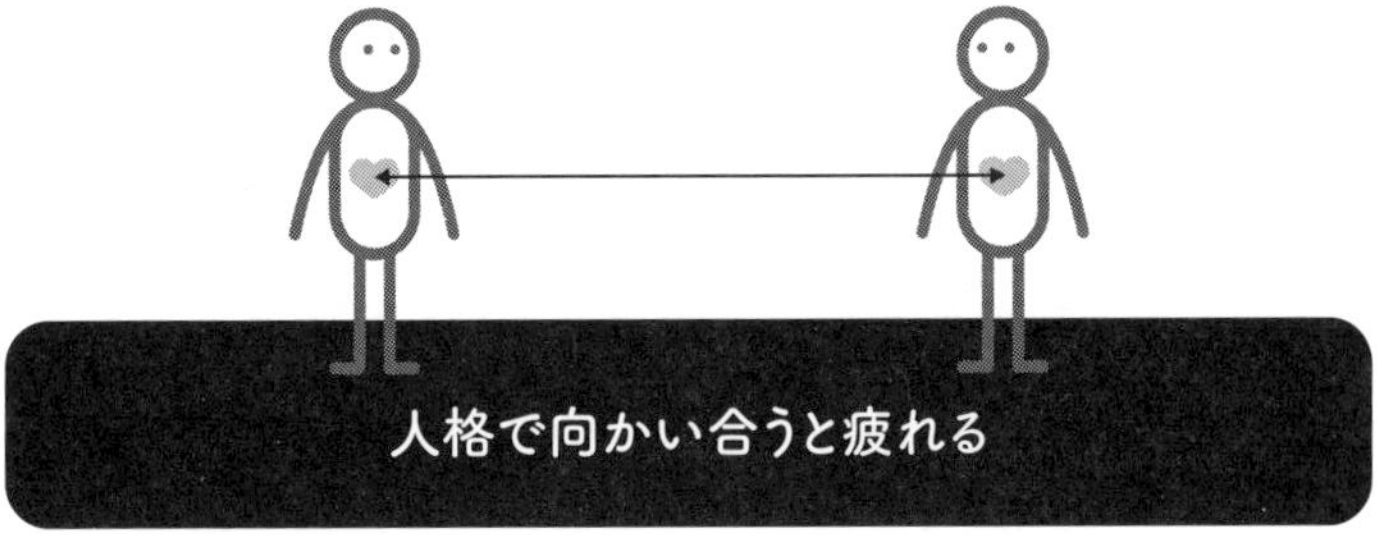
人格で向かい合うと疲れる

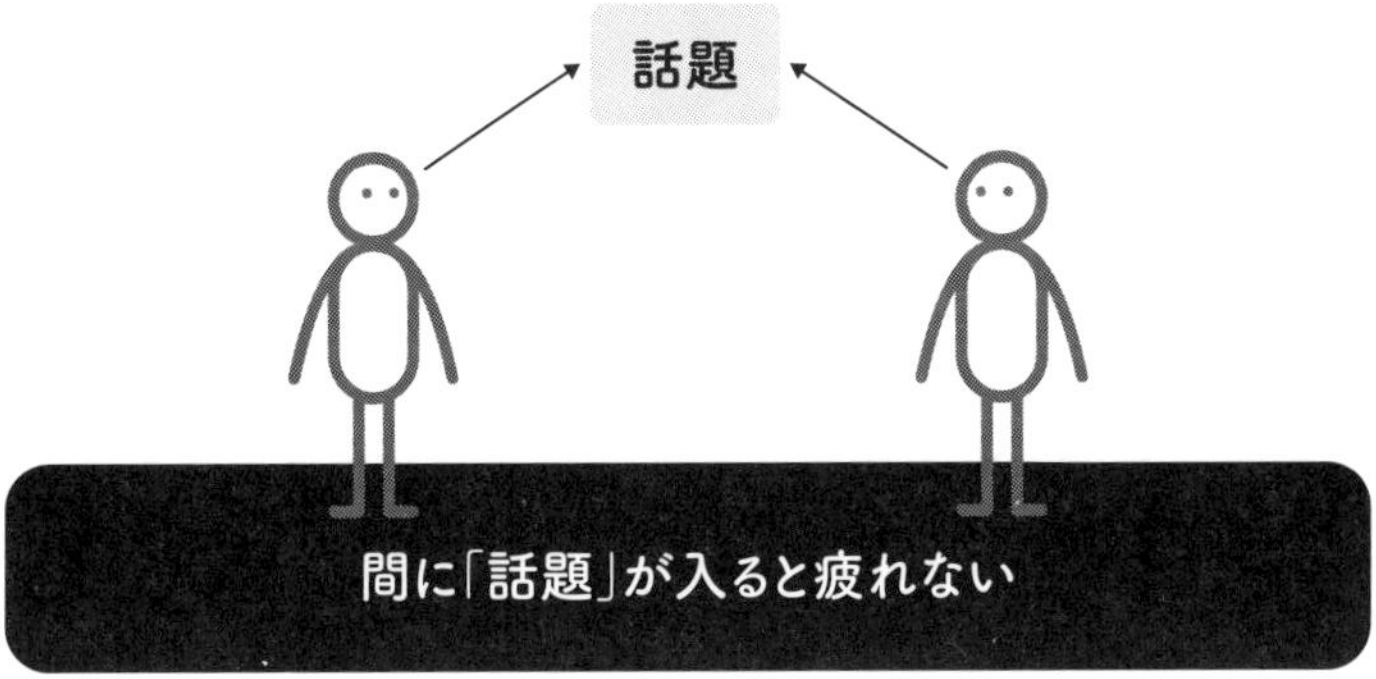
話題
間に「話題」が入ると疲れない

「人格―話題―人格」の三角のフォーメーションをつくり、人格同士がぶつからないようにすることが、疲れないコミュニケーションのコツなのです。

たとえば、今流行っているドラマや映画の話などは、自分や相手の人格とかかわりがありません。そうしたことから徐々に話題を広げていくのです。

「人格」という言葉は、「プライベートゾーン」とも言い換えられます。人と会話をすることすら疲れてしまうという人は、プライベートゾーンを守ろうとしているのですね。「これ以上自分の人格に入り込んでほしくない」という気持ちが強いのです。

コミュニケーションのこの構造に気づいて実践していくと、徐々に疲れない会話ができるようになります。結果としてそれが、自分を守ることになります。

すると、ぐいぐいくるような人と出会っても、「世の中にはこういう人もいるんだな」と、適当に流して距離をとるというディフェンスができるようになるのです。

「会話上手」ってどんな人？

「会話が上手な人」というと、どんな人を想像するでしょうか？

・いつも面白い話をして盛り上げる人
・自分の考えをズバッと言う人

世の中にはそういう人もいますが、実は普段のコミュニケーションにおいては、

「お世話ができる人」、つまり、

「自分より他人に目を向けられる人」

「自分が話すことよりも、場を意識できる人」

こそが、「会話上手な人」なのです。

テレビの収録現場で見ていると、重宝される人には2種類いるように思います。

一つは、面白い話をしてその場を盛り上げる人。

もう一つは、上手に場を盛り上げる人。そんな人は、うまくその場を回したり、そんなに面白くない話題でも上手にリアクションをとることで、その場を面白くしてしまうのです。

いずれも「その場」を意識して、話をするプロフェッショナルです。

テレビでは両方のタイプが重宝されるのに、日常生活では、後者が大事にされていないように思います。

他人のお世話をして何の得になるの？

「会話がうまい人」「好かれる人」というのは、「他人のお世話ができる人」だと私は思います。

そう言うと「他人のお世話」をして、何の得があるのかと思う人もいるかもしれませんね。

でも、人のお世話ができると、お互いに居心地のいい状態をつくることができます。結果、日常を和やかに過ごしていくことができるのです。

さらに、その場をコントロールする立場にもなれますし、相手から信頼してもらえるようになります。

・その場を和やかにしようという責任感を持つ

・コミュニケーションが苦手な人がいたら、そのお世話をする

そんなことができる人は、いつの間にか、場の中心にいます。

実際に、私の授業で一番「お世話」ができている学生は、就職活動でいくつもの企業から内定をもらってきました。職場でも、何を相談しても、最終的に自分の自慢話になるような上司は嫌われますよね。ビジネスにおいても「うまくお世話ができること」は、重要なのです。

ビジネスでも「仕事以外」の話が必要な理由

ビジネスの場では仕事以外の話はしない、という人もいるかもしれません。会話や人柄でアピールしなくても、仕事ができればいい、という考え方ですね。しかし、良好な人間関係は、仕事にもよい影響を与えます。

たとえば、何か急なお願いごとをしても、「○○さんからお願いされたら仕方ないな」と考えてくれるかもしれませんし、仕事でちょっとした疑問があったときも、質問しやすくなります。お互いわかっているからこそ、新しい提案や、一歩踏み込んだ相談もできるようになるかもしれません。

多くの仕事は、人間関係で回っています。何かお願いするときには、気心が知れている人に頼みたいものです。気心が知れている人や、感じよくコミュニケーションができる人は、それだけでも、何かあったときに声をかけられやすくなります。

ビジネスの場での雑談は、その人と付き合ってよいかどうかを判断する「リトマス試験紙」のようなものでもあります。

営業トークは流暢《りゅうちょう》でも、雑談を振ったときの話し方や表情から、「感じが悪い」「社会性がない」ということが見えてきて、「この人は信用できない」「お付き合いを見合わせたい」と判断されることだってあります。

1分もかからないような雑談で、あなた自身が判断されてしまうこともあるのです。

オンラインでの打ち合わせも増え、無駄なことが話しづらくなっている今だからこそ、意識してもらいたいことだと思います。

コミュニケーションで大事なこと①
「面白いことを言う」より「関心があること」を示す

具体的な方法に入る前に、ここからコミュニケーションで大事な3つのことについてお話ししましょう。

何か気の利いたことを言おうとか、印象に残る言葉を残そうとか、コミュニケーションの場では、相手に何を言うかについて、すごく考えると思います。

でも、会話においては、もっと大事なことがあります。

それは「**関心があること**」**を示す**ことです。

先ほど、「意味のつながり」と「感情のつながり」という話をしましたが、コミュニケーションのベースにあるのは「感情のつながり」です。

相手と会って、まず、にっこりする。相手が笑ったら、こちらも笑う。相手の話に「へぇ！」と驚いたり、「えっ、そうなんですか！」と反応したりする。相手の感情が動けば、話している人は自分に関心を持ってくれているように感じます。すると、こちらが特に面白い話をしなくても、よい印象を持ってもらえるのです。

「何か面白いことを言わなくては！」と力むのではなく、きちんと反応していくだけでも、相手とよい関係はつくれますよ。

コミュニケーションで大事なこと②
伝えることは「意味」と「感情」

A　昨日、会社でこんなことがあってさ。……課長、いつも面倒なことばかり言ってきて困るんだ。
B　課長としても立場があるから仕方ないよ。こんなふうに言って返したら？
A　（愚痴を聞いてほしかっただけなんだけど……）

こういうこと、よく起こりますよね。

自分としてはただ話を聞いてほしかったのに、建設的な返しをもらって、不満に思う。相手から見れば、親切に問題を解決してあげようと思ったのに、何が不満なんだ、と考えてしまうかもしれません。

確かに、Bの人は「意味」はやりとりしているのです。

でも、Aの人の「感情」は理解しているでしょうか？

コミュニケーションとは、意味を正確に伝えることがすべてではないのです。相手の表情を読み取って、この人はこの話題をもう少し続けたいのか、それともほかの話をしたいのかということを逐一判断しながら、次にどっちにいくのか決めることが大事なのです。次に何の話をするかは相手の表情次第なのです。

しかし、相手の感情を読むことが不得手な場合、「意味」だけでコミュニケーションを続けてしまいがちです。

A　聞いて～、うちの子、こんなバカな失敗をしたんだ。
B　え～そうなんだ。ホント、バカだね。
A　（そこ、友だちとしてはフォローするところじゃない？）

「そんなことを言われても、わからないし」という人もいるでしょう。

まず、会話は「意味」だけではない、ということを頭に入れて、相手の表情を見るようにしましょう。

特に「何であのとき、会話がぎくしゃくしたんだろう?」という疑問を持ったことがある人は、注意してみてください。

ただし、感情だけでコミュニケーションをすると、言葉の発達していない赤ちゃんや幼児と同じになってしまいます。「意味」と「感情」を車の両輪のようにセットにして考えるのが、大人のコミュニケーションです。

コミュニケーションで大事なこと③
人間関係には段階がある

人間関係には「距離感」も大事です。

まだそんなに親しくないのに、ものすごくなれなれしかったり、急に距離を詰められたりすると、相手から引かれてしまうことだってあります。

人と関係を構築するまでには三つの段階があります。

・第1段階　挨拶をする

「あ、どうも」とか「こんにちは」と働きかけることで、私たちはお互いを認識します。ごく当たり前のようですが、挨拶こそ、すべてのコミュニケーションのはじまりです。挨拶がうまくできないと、なかなか先に進めません。

・**第2段階　雑談をする**

人はいわば、様々な情報の集積体です。お互いが持っている様々な情報の中から接点を探し、会話をしていくわけです。

その中でも、雑談は、「自分」というものを出さなくてもよい会話です。というのも雑談は、さして意味がないものだからです。天気の話題であったり、旬の話題だったり。会話というより「お付き合い」の感覚に近いでしょう。

先ほど、「人格同士で向き合わず、間に話題をはさむ」ことをお話ししましたが、雑談こそ、自分というものを出さなくてもよい会話の筆頭といえます。

・**第3段階　雑談の中からもう少しお互いに意味や意義があるような話題に進む**

相談事や情報交換などもう少し踏みこんだ話になります。

このように、人間関係にも「ホップ・ステップ・ジャンプ」のような段階があることを知っておくと、相手との距離のつかみ方がわかると思います。初対面から親しくなれなくても、それが失敗でもなんでもないことがわかるでしょう。

人間関係を深める3段階の図

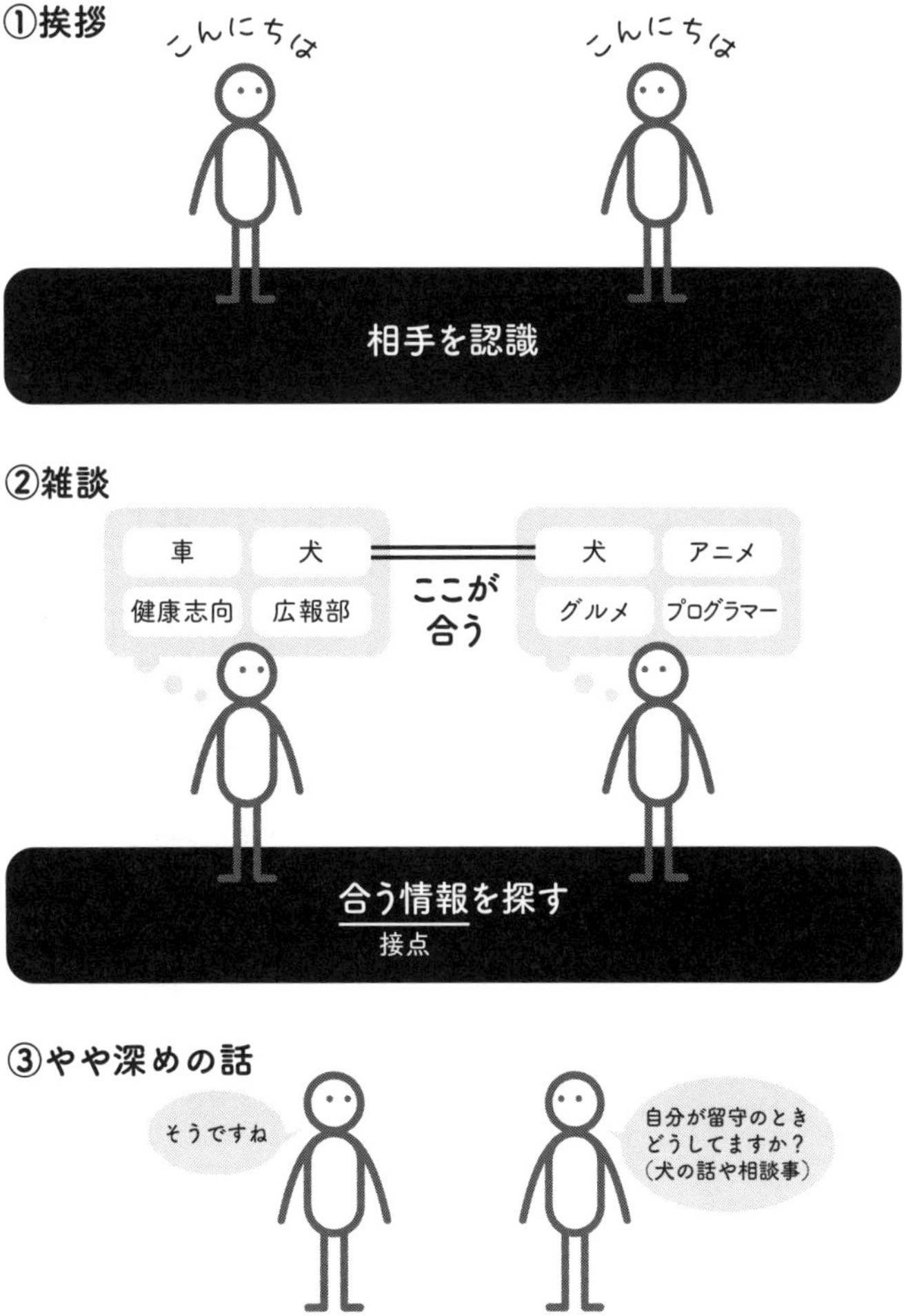

どうにも話ができない人とは「この世では縁がなかった」と考える

とはいえ、やっぱり傷つくようなことを言ってくる人はいますし、「気にしないようにしよう」といっても、気になるものは気になります。

そんなときは、**なんでも肯定的に解釈する**ことです。

私は、講演会で何百人もの聴衆の前でジョークを言ってウケなかったときでも、「心の中は大爆笑」と唱えています。声に出して笑ってはいなくても、心の中では笑っているに違いないと考えるのです。

そうでなくても、「今はタイミングが悪かったんだな」とか「ちょっとわかりにくかったかな」と考えると気はラクです。

それに、誰かがジョークを言ったのに笑わないというのは、コミュニケーションにおいては少し失礼に当たるとも言えますよね。そこで、「ジョークには、少しにっこりするとか、笑ったりするのが社会的なルールです」と穏やかに伝えると笑ってくれる方もいます。そうやって、ウケないことがありえない構造をつくっています。

この方法は鋼のメンタルがなければ難しいかもしれませんが、「多少図々しくなる訓練」や「気にしない訓練」は必要だと思います。

生きていれば、嫌な人、失礼な人に出会うことは確実にあります。露骨に嫌な感じを出してくる人もいます。そういうときでも、物事を肯定的に受け止めると、「なるほど、世の中にはこんなに未熟な人間がいるんだ。びっくりした」「相手に、自分の不機嫌さをこんなに思いっきり見せる人がいるなんて、勉強になった」と、新鮮に感じられるかもしれません。

それでも、最初から会話をする気がないような人とは、「今生《こんじょう》ではご縁がありませんでした。また来世でご縁があれば」ということで、さらっとお別れしましょう。

そんな人たちと無理をして付き合っても、よい結果にはなりません。

「話が苦手」は性格の問題ではありません

今の社会では、スピード感が重視されます。

テレビのバラエティやニュースを見ても、政治家や著名人、コメンテーターなどは、限られた時間でコメントを求められ、テンポよく応えることが求められます。一般の視聴者が出る番組でも、みなさん、実に気の利いたコメントをしていますよね。

会話ではないのですが、自動改札機を通るとき、前の人がチャージ金額が足りずに、「ビーッ」とランプがついて止まると、もうそれだけでイラッとしてしまうこともあります。それほどまでに、私たちはスピード感を求めているのです。

昭和の時代に生きていた人たちが急に今の社会に放り込まれたら、「このテンポの速さは何なの？」「人前でこんなに話さなきゃいけないの？」「こんなにたくさんの人とメールのやりとりをするの？」と、戸惑うのではないかと思います。

そんなふうに私たちは、なぜか常に焦っているし、空白ができることを恐れています。だから、会話でもぎこちない時間が生まれると、居心地が悪くなり、コミュニケーションが苦手だと感じてしまうのです。

「コミュニケーションが苦手」な人は実はいない

しかし、本当は「コミュニケーションが苦手」「話すのが苦手」という人はいないのだと私は考えています。

私は長年、教員になる人のために「コミュニケーションの講義」を行なっていますが、人前で話すのが苦手だったり、二人きりで話すのが苦手だと言っていた学生でも、私の授業を受けたあとは、そろって「**苦手だと思っていたけれど、やってみると意外とそうでもなかった**」という感想を伝えてくれます。

それを見て私は、苦手意識を持っていたのは、単に今までそういう練習や訓練を受けていなかったからではないかな、と思うのです。

たとえば、ある楽器を初めて演奏したり、何かスポーツを新たにはじめたりするときには、「苦手だな、不安だな」という気持ちよりも、「今までやったことがないけれど、どういうものだろう」という興味や期待の気持ちのほうが大きいのではないかと思います。

そして、最初は下手でも、さほど気にしないはずです。「今はあまりできないけれど、練習するうちにうまくなるはず」と、自分の状況を自然に受け止められます。

ところが、コミュニケーションや会話だと、「自分は苦手だ、できない」という意識からスタートしてしまう。すでにはじまりの時点から、苦手意識が貼りついてしまっています。

しかし、悩む必要はありません。

コミュニケーションも楽器やスポーツと同じで、やり方を知って、練習すればうまくなるのです。

そんなに気負わずに、おおらかに考えておけばよいと思います。

コミュニケーションは技術です

「自分は話すのが苦手な性格で」

「気質的に人前に出るのがダメなんですよね」

という話はよく聞きますが、実際には、コミュニケーションは、**そこまで性格や気質が関係するようなものではない**と思います。

コミュニケーションとは、技術です。

ですから、磨けば、誰でもコミュニケーションが上手になるのです。

本書で紹介する内容も、最初は慣れないものもあるかもしれません。

結果はどうあれ、少しでも自分で試してみることができたら、〝自画自賛力〟で自分をほめてください。

慣れてきたら、「なるほど、意外と大丈夫なものだな」と思うはずです。

第2章

初対面でも話が続く人、途切れる人

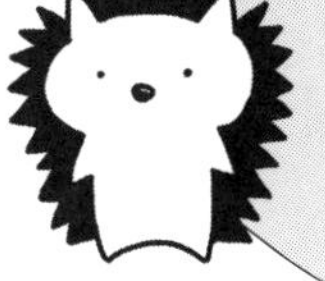

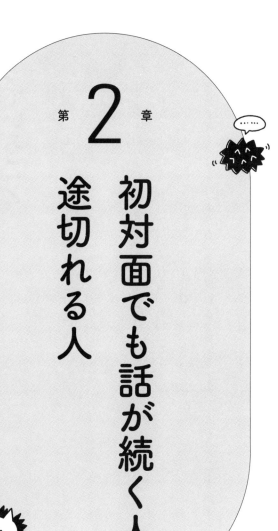

自然に場を盛り上げる人がやっていること

冒頭で「ぐいぐいくる人が嫌だ」という話をしましたが、今は、人とほどよい距離感がとれる人が「コミュニケーション力がある人」というふうになってきているように思います。

相手を圧迫せずに、さりげなく、話を続けられる。

これがうまくできる人が、好かれる印象があります。

こういう人は自分を出そうという意識を持っていません。

「自分が何を話すか」よりも「その場にどう貢献するか」という当事者意識を持っています。

場がしーんとしたら、何かしら話題を切り出す。誰かが何かを言ったら、反応する。そんな**一歩踏み出す勇気が、関係性をつくるには大事なことなのです。**

そのためには、自分と相手の間に「話せるネタ」を置いてあげることが大切です。その場にいる人たちが飛びつけるネタがあれば、みんな安心します。

それができるだけで場をリードでき、よい印象を持ってもらえます。

とはいえ、そんなに無理をする必要はありませんし、何か面白いことを言おうとしなくてもかまいません。

何気なく話を振って、自然に会話が続いていく、ちょっとしたコツをお話ししたいと思います。

雑談をしようと話を振るとき、どちらが話が続く？

最近、どう？

or

最近流行っている
この動画見た？

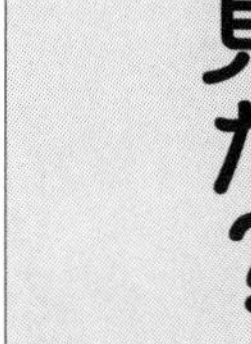

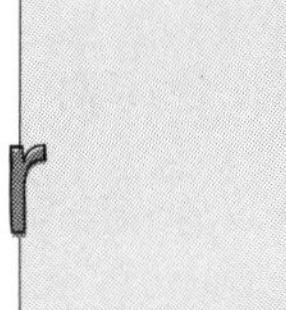

漠然と話を聞くよりも、ネタを提供する

会話の途中、ふいに訪れる沈黙の時間。受け答えの間が微妙にずれたり、話題についていけなかったり。それは予想もしていないタイミングでやってきます。

私自身は、少しくらいの間《ま》は気にしないのですが、あまり長く沈黙が続いてしまうと会話がぎこちなくなりますし、その後、話をしようという意欲を失いがちです。

そんなとき大事なのは、「面白い話ができるかどうか」ではなく、「**ネタ力**《りょく》」です。

「ネタ」は「話題」と言い換えてもよいでしょう。

会話が途切れたら「ああ、そういえば、○○についてはどうですか」と、二つ三つ用意しておいた軽い質問の中から、相手の関心がありそうなお題を出してみます。

相手に合わせて「このネタはどうかな」「これはどうだろう」と寿司ネタみたいに出しながら探っていくようなイメージです。

すると、その中で一つくらいは「ああ、それなら私も」という感じで同調する反応が返ってくるでしょう。そうしたら、その話題でしばらく会話を続けることができます。

たとえば「サブスク」について話す二人になったとすると、

A　最近、サブスク動画にハマっていまして。

B　へえ、どんなのに入っているんですか？

A　ネットフリックスとHuluと……。少し整理したいんですけど、別のものも気になって。どう思いますか？

B　U-NEXTが意外にいいかもしれないですよね。

A　そうですか！　アマプラはどうですか？

B　見たいものをカバーしているなら、使い勝手はいいかも。そういえば、音楽のサブスクは使ってますか？　スポティファイは最近……。

というふうに、共通の関心事から、話を広げていくことができます。

くれぐれもネタを一つ振って反応がよくなかったからといって、あきらめないほうがよいでしょう。何を振っても話せなかった人が、ミュージカルの話題だけは、イキイキと話してくれたことも過去にはありました。

「あ、私も」と食いつくものがあれば、そのお題で会話を続け、話が尽きたらまた次のお題……これを繰り返して、話を広げていきます。

ちなみに私は話しながら、「次はＡＢＣのどの話題でいこうかな」といつも、いくつかのネタを考えています。「この流れの中だとＡかな」「こっちは行き止まりかな」と考えながら話を振るのです。

行き先が1本の道しかないと、その話だけで堂々巡りしたり、相手が関心がなければ、話はそこで詰んでしまいます。話題は３本、少なくとも２本は用意するとよいと思います。

返しやすいのは「相手の選択に任せる質問」

相手と話そうとして、「最近、どう？」「ご趣味は？」といったざっくりした質問をする人もいますが、何か詮索《せんさく》されているような気がして、相手によっては、話しづらいことがあります。

こういうときも、ネタを振ったほうが相手は返しやすいでしょう。

なかでも、**「今、この人の動画が好きでよく見ているんですけど、知ってますか？何か面白い動画ありますか？」**というような質問は、ネタを動画に限定している分、返しやすいですし、そこまでパーソナルスペースに入り込む内容でもありません。何より、紹介したい動画があれば紹介するし、なければ話し手が出してきた動画について話せばよいと、相手が話すことを選択できるのです。

クルマと同じで、会話でも、いきなりエンジンをフル回転させると壊れてしまいます。まずは、相手が返しやすい雑談で関係性を温めておいて、徐々に話をしていく、という流れがよいでしょう。

話が弾む5つの鉄板ネタ

「話のネタ」には面白さを求めなくても大丈夫です。会話が続けられればいいので、とりあえずあればOKです。居酒屋で最初に出される「お通し」の役割に近いかもしれません。

とはいえ、いざというときに、話すネタが浮かばないこともあります。

それも当然で、多くの人は、相手との関係を結ぶために話題を集めようとは考えていないからです。自分が持っている話題（ネタ）は、ただ自分が好きかどうかという基準で集めたもので、ほかの人が興味を持つかどうかはわかりません。

そこで、いつでも使えそうな鉄板のネタを考えてみます。

①目の前にあるもの

「目の前にあるもの」はわかりやすいですね。

街を歩いていたとしたら、

「あれ、このお店変わりましたね」

「前は何が建ってましたっけ？」

エレベーターの中なら、

「このエレベーター、遅いですよね」

という話でも間《ま》は持ちます。

②話している人たちに共通するもの

初対面でも、共通の知人や物事があれば、それは話しやすい話題になります。

何かのイベントで出会ったのなら、

「今回どうして来ようと思ったんですか?」

「チケットを取るのが大変でしたよね」

など、相手と共通するような話をしてみます。

③旬の話題

ChatGPTが流行っているときに、「ChatGPTを使ってみたんですが」という話をすれば、「どうだった? 教えて?」と聞かれますよね。

そんなふうに、誰もが気になっている話題を切り出すようにすると、大抵の人は話を聞きたがるものです。


私は、ChatGPTが流行りはじめたときに、学生にChatGPTを使ってもらって、話題を増やすという授業をしたことがあります。

新しく世に出てきたものについては、賛否両論が起こるかもしれません。

でも、知っていて使わないとか、知っていて気をつけて使うのはよいけれど、「そもそも知らない」のはよくありません。そんなわけで「今すぐ使って、それについて話せるようになっておこう」と考えたのです。

学生には、その場で、ChatGPT に次から次へと質問をしてもらって、使ってみた感想を発表してもらいました。

すると、「ChatGPT に恋愛相談をしたところ、結構親身になって聞いてくれました」という学生や、ChatGPT がつくった文章と自分が書いた文章を並べて「A、B、CのどれがAIがつくった文章でしょう」とクイズを出してくる学生もいました。

こんなふうに、新しいことをちょっと試してみるだけで、旬の話題を披露することができるのです。

大事なのは、新しいことを先取りして、話題になりはじめたときに一通り話せるようにしておくということです。そのために、常に知的な好奇心のアンテナを立てておきます。「そんなことをすると疲れる」と思う人もいるかもしれませんが、「**この話題を知っていると、どんな人と話ができるかな**」と考えれば、モチベーションも湧くのではないでしょうか。

テレビの情報番組のネタはカバー力が高い

ChatGPTのような技術的な話だけでなく、話題の場所や話題の映画なども、関心を持ってもらいやすい話題です。

その点では、テレビもネタを見つけるのには便利です。テレビの情報番組は、たくさんの人が関心を持ちそうな、安心感のあるネタを拾っています。

実際に情報番組に出演しますと、数週間で流行が変わることを実感します。しかし、ずっと見ていると、以前流行ったことがアレンジされて、また出てきていることに気づくこともあります。

単にミーハーだからということではなくて、相手が興味を持ちそうな旬のネタや社会的な話題をきちんと知っているかどうかが大切だと思います。

④どうでもいい話題

振らないほうがよいとされるネタもあります。

宗教や歴史問題、政治問題などは、その人の価値判断が強く出るので、避けたほうが無難とされます。

また、昨今はプライベートにかかわるような話もしづらくなり、話題を見つけるのは難しくなっている状況です。

だからこそ、「どうでもいい話題」もみんなが安心して話せるテーマになります。

たとえば、

「チャーハンはパラパラがいいか、しっとり系がいいか」

「チョコレート菓子のシリーズは、きのこ派か、たけのこ派か」

といったもの。

ちなみに、「パラパラチャーハン」がよいとされたのはこの20年くらいのことで、歴史は浅いようです。

こうしたどうでもいい話題は、正解がありませんし、盛り上がりやすいネタでもあります。

⑤ウワサ話

何かについて話すという点では、その場にいない人のことを話す「ウワサ話」というものもあります。

ウワサ話と聞くと眉をひそめるかもしれませんが、ウワサ話は人間の言語活動の中で、ものすごく重要な役割を果たしてきたそうです。

原始時代のウワサ話は「昨日はこの場所に動物がいたよね」「でも今日はいないね」などという、狩りに関するものだったようです。

「なんだ、動物のことか」と拍子抜けしそうですが、目の前にいないものについて会話ができるという言語機能を持っていたことが、その後の人類の発展を促してきたといわれています。われわれの祖先であるホモ・サピエンスは、この能力が高いことで生き延びてきたのだそうです。

そういう人類の発展に関する背景を知ると、ウワサ話は悪いことばかりではなさそうです。

とはいえ、身近な人に対して「あの人、感じ悪いよね」といったネガティブな話題は避けたいもの。

そこで登場するのが芸能ニュースです。ことの是非を真剣に語る……というより、その場を盛り上げるための軽い話題として考えましょう。

「天気の話」を舐めてはいけない

雑談では「天気の話」もおろそかにはできないものです。

なぜなら、天気の話も、相手の反応や相性をはかる「試金石」みたいなものだからです。

別に、お互い天気のことをそれほど話したいと思っているわけではないけれども、話題としては一番当たり障りのないもので、雑談のうちにすら入らないかもしれません。

それでも「暑いですね」「はい、暑いですよね」と、なんてことのない話を数秒することで、「機嫌がよさそうだな」「今日は急いでいるな」「ちょっとニコッとしてくれた。少し話せるかな」などと、お互いの状態や気分、相性のようなものまで感じ取ることができるのです。

天気の話題は、コミュニケーションの入口であり、相手に「お邪魔してもいいですか」とたずねる、ノックのような役目を持っています。それさえも交わすのが難しい相手とは、距離を置いてもいいかもしれませんね。

初対面の人と話すのが苦手という人は、「話が苦手」なのではなく、「最初のきっかけがうまくつかめない」というだけの話です。

雑談のネタを用意しておいて、はじまりの会話をうまく転がすことができれば、あとはスムーズに回りはじめます。

相手から話を振られたら否定しない

相手が振ってきたネタは否定しないようにしましょう。

「いいですね」

「面白いですね」

「どんなところが好きですか？」

「こういうのもありますよね」

などと、同調して話を広げていってください。

「私も、私も」と同調し合いながら話を盛り上げることは、誰でもできて、簡単に場が盛り上がります。

「休日は何をしているんですか？」と聞かれたら？

実際に休日に起こったことを話す

or

自分が話したいことを話す

相手は「休日の話」を聞きたいのではない！

よくある会話の例として「休みの日は何してる？」というフレーズがあります。そのとき、「いや、特に何も……」と答えたり、ちょっと探りを入れられているようで嫌な感じがしたりする人もいるようです。

しかし、質問しているほうは、ただコミュニケーションをとりたくて聞いているだけで、あなたのプライベートを知ろうとしているわけではありません。すぐに思いつく話題だから、**あまり意味を考えずに何気なく聞いてしまっていることが大半**でしょう。

それに対して「何してたかな……」と真剣に答えようとしたりすると、「こんな話をしても面白くないかも」「こんな話をしてどう思うだろう」と考えて疲れてしまいます。

ここでの正解は、「自分が話したいことを話す」です。

「今ハマっていること」だったり、「海外旅行をしたいと思って、外国のことを調べていました」というように、そのとき自分がやりたいと思っていることがあれば、それを話すのがよいと思います。

繰り返しますが、相手はあなたの休日について知りたいのではなく、あなたと一緒にいる時間を楽しいものにしたいと思って質問しているのです。そのために、会話を続けるための糸口をつくろうとしているのです。

ですから、「ここが糸口です」ということを伝えれば問題ないのです。

【実況中継】

（会話の例）

〔×〕

A　休みの日は何をしているの？

B　特に……掃除とか。

本当の話をしてもそこで話が止まってしまう可能性がある！

〔○〕

A　休みの日は何をしているの？

B　この間の休日は仕事で行けなかったけれど、最近はソロキャンプが好きでよく行くんだ。

この言い方だとウソにならなくて気がラク

〔△〕

A　休みの日は何をしているの？

B　特に……掃除とか。あなたは？

せめて、相手にボールをわたそう

「最近どう？」も、会話の糸口を探しているだけ

「最近どう？」「趣味は何ですか？」と質問してくる人も「休みの日には何をしているの？」という質問と同じく、話の糸口を求めているだけであることがほとんどです。

相手は、近況報告をきっかけとして、あなたと何か話したいというだけなのです。

そしてその場に沈黙が続くのを避けたいのです。

ですから「最近、高カカオチョコレートにハマってて」「この間散歩で、3駅先の公園まで行ってしまいました」など、話の糸口となる話題を提供しましょう。

このとき面白い話をする必要はありません。

すべらない話ができるのは、それでお金が取れる、プロの人たちだからです。

そうでない私たちは、**話題の提供ができればいいのです。**

それで相手との話題が広がればよし。

話題の提供をする気がなくなったら、そこで終了です。

会話というと、話をする側のほうにスポットライトが当たりがちですが、実は返し方も重要です。

以前、クライフというオランダの有名なサッカー選手が「チームにはリーダーとそれ以外の人がいるのではなく、ボールを持ったら、その人がリーダーだ」と言っていました。会話も同じで、ボールを持った人がリーダーになるのです。

「近況報告」のプロになる

最近の話を聞かれて、「何もなかった」と答えている人。

それはまずありえません。

週末のニュース番組でよくある「この1週間をまとめました」というコーナーをイメージしながら、先週の出来事を掘り出してみましょう。


特別な出来事でなくても、「毎朝、卵かけご飯とシーチキンを食べていました」という程度のことでもいいのです。相手が興味を示せば十分。やってみると、だんだんと慣れてきて、いろんなネタが出てくると思います。

「最近どう？」と聞かれて「やることがなくて、ホント何もしませんでした」と言うのは、**相手を拒否しているのと同じ**です。絶対に言わないようにしましょう。

週の出来事を手帳に書き込む

近況報告などの「ネタ」づくりにおすすめなのは、手帳を活用することです。

1週間単位で、見開きの片側に書き込むページがあるものがおすすめです。そこに、その日に見たものの感想や、やったこと、行った場所などを書き込んでおきます。すると、「あ、この週はこれがあったな」「ここに行ってあれを見たな」と、その週の出来事を一目で見返すことができます。

私の場合は、テレビ番組の感想を書いたりもします。テレビをあまり見ないなら、動画や音楽などの感想を書き込んでもよいでしょう。

こうやって書き込んでいくと、空欄がだんだんぎっしりと埋まっていくようになります。近況報告のネタは、そこから探せばよいわけです。

学生にも、「面白い話でなくてもいいから、何か人に話せる小さい話題を書き込んでみよう」と呼びかけて、1週間のネタ帳をつくる練習をしてもらいます。すると、

「面白い話」とまではいかなくても、自分の生活の中に話せる話題が結構あるものだ、と気づくでしょう。

近況報告を「5・7・5」で

私の授業では、「5・7・5」で近況報告をしてもらっています。

「私にも、ついに彼氏が、できました」
「高熱で、病院に行ったら、インフルエンザ」
「推し活で、ライブに行って、盛り上がる」
などなど。

厳密に「5・7・5」でなくてもかまいません。

でも、「5・7・5」を目標にして話すと、手短にちょっとした話題をつくることができます。

週の出来事を書いて話題を増やす

1	月 Mon	集中して仕事をしていて 昼ご飯を忘れる
2	火 Tue	コンビニの新製品を 買ってみた
3	水 Wed	YouTubeで見た○○さん の動画が面白かった
4	木 Thu	スーパーのセールで お菓子をたくさん買った
5	金 Fri	夜は○○さんの歓迎会
6	土 Sat	父の見舞いに行った。 血圧が心配
7	日 Sun	家の周りをジョギング

ワーク：関心発見マップ

自分の関心があることを、次ページのようなマップに20個書いてみましょう。

誰かに話題を振ろうとしても、そもそも自分がどんなジャンルの話に強いのかがわからないこともあります。書いておくと、それを意識するので、より情報も集まり、話せることが増えていきます。

このワークを大学の授業でやったとき、20個すべて麻雀用語を入れてきた人がいました。

これはこれで面白いですが、麻雀を知らない人とは話せませんね。

もし誰かと一緒にできるなら、書いたリストをお互いに見せて、その中から相手と共通のものがあるかどうかを探し、見つかったら、それについて会話をしてみましょう。

接点が見つかると、初めての相手でも話せることがわかります。

関心発見マップ

① 食べ歩き	② カフェ巡り	③ アフタヌーンティー	④ コンビニのアイス
⑤ SF小説	⑥ 英会話	⑦	⑧
⑨	⑩	⑪	⑫
⑬	⑭	⑮	⑯
⑰	⑱	⑲	⑳

知らない話をされたらどうする？

何となく聞いたことがあるけれど、知ったかぶりは嫌だから「知らない」と言う

or

何となく聞いたことがある気がするので、「聞いたことはあるような気がする」と言う

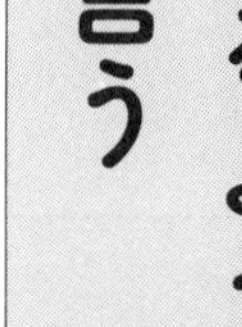

会話で「知らない」は暴力です

会話の中で何となく聞いたことがある話題が出たときに「間違ったことを言ってはいけない」と思って「知りません」と返してしまうことはないでしょうか。相手に気をつかいすぎたり、自信がなかったりするとき、ついやってしまいがちです。

ですが、コミュニケーションの視点でいうと、これは決してやってはいけないことです。もはや「**暴力**」と言い換えてもいいかもしれません。

なぜなら「あなたとのコミュニケーションを断ち切りたいです」という意思表示だと受け止められるからです。

「知らないからそう言ったのに、何でそれが悪いんだ」と思われるかもしれません。

でも、相手とうまくコミュニケーションをとっていこうとするなら、なんでも真っ正直に返せばよいというものではありません。

たとえば、知らなくても「**あ、名前は聞いたことがあります**」と返してくれれば、相手は「そうそう、その○○なんだけど……」と会話が続けられます。

でも、「知りません」と言われると、あとが続かない。

せめて「**もしかしたら聞いたことがあるかもしれません**」と言えば、相手は内容を説明してくれるでしょう。

返し方としては、ほかにも、

「**もしかしたら○○ということですか**」

「**聞いたことはあるけれど、やったことはないんです**」

など、いくらでもありますよね。

「知らない」「興味ない」という言葉が相手に伝えること

相手が接点を求めてきたことに「知らない」と言うのは、握手をしようと差し出された手を振り払ってしまう行為と同じです。もしくは、そこから逃げてしまっている状態です。

欧米のルールであれば、手を差し出されたら握手をします。それが相手との信頼関係をつくる、コミュニケーションの大事な基本です。

大事な国際会議など、首脳同士は必ず握手をしていますよね。その場で握手を拒否したら、一体どうなるかを想像してみてください。

「知らない」と言い放つのは、その大事なところを平気で振り払っているように見えるのです。

「知らない、興味ない」という無関心は暴力的なのです。

せめて、「知らなかったですけど、面白そうですね」と関心を示したいものです。

知らない話題を振られたら、その場で調べながら話す

知らない話題を振られたら、そんなときこそ、スマホの出番です。

「それはどんなものですか？　ちょっと調べてみますね」とスマホを取り出すのです。


たとえば、あまり詳しくない野球の話題を振られたとしたら、

「野球ってそんなに面白いんですか」

「どちらのファンなんですか？」

「好きな選手はいますか？」

などと聞いて、

「**ちょっとスマホで見てみますね**」と、その選手について検索してみます。

そして、

「へえ、こんなことが得意な選手なんですね」

「こんな記録を出しているんですね」

と自分で情報を得ながら話をつなぐことができます。

相手も自分に合わせてくれたと感じ、悪い気はしないでしょう。


コミュニケーションが苦手そうな相手で、それ以外にネタがない、というときも、活用しやすい方法です。

●「教えてもらう」ことで自分の話題も広くなる

わからないことがあれば、もちろんその場で相手に教えてもらってもよいでしょう。

「それって大体どんな感じですか?」「何となく聞いたことはあるけど、何でしたっけ?」「実際、どんなものですか?」などと聞いて、相手に話してもらいます。

たとえば私の友人には金融関係の人も多いのですが、「投資って、どうなんですかね? やっぱり危ないんでしょうか? 暗号資産はやらないほうがいいですか?」と聞くと、ある種ゾーンにハマるようで、いろいろと教えてくれます。

特に専門的な知識がある人は、ちょっと振っただけで、たくさんの話をしてくれることもあります。1時間も2時間もそのテーマで話せるような人もいて、感心します（ただし、そこまで不要なときは、上手に切り上げましょう）。

専門分野についての話を振ると、相手は自分が持っている知識を教える喜びがあるし、聞く側は、知らないことを教えてもらって勉強になります。

特に専門的な情報は、川の流れのように、高いところから低いところに流れるものなんですよね。ですから、**相手が高みにいるのならば、勉強になると思って聞いてみる。**すると、教養の泉がザーッと流れてきます。

学ぶ意識を持つことで、コミュニケーション力は高まり、自分の知識も増えていくのです。

話せることが増える「嫌いなもの」をほめる練習

話題の幅は、その人の知識の広さにも関係があります。

どんな話題にもついていける人は、知識が豊富な人でもあるのです。

そこで手っ取り早くネタを増やす方法を紹介しましょう。

実は「話せないネタ」というのは、単に「食わず嫌い」であることが多いのです。

その「食わず嫌い」を防ぐために、私の授業では、自分の苦手な分野や嫌いなものについて、あえて「ほめる」という練習をしてもらいます。

なかには抵抗する人もいますが、「ほめる」役割になってみると、これが意外とできるものなのです。

そして、実際にほめてみると、不思議と「あれ、嫌いじゃないかも」「へえ、こんな面もあるんだ」という気持ちになります。ほめることで、自分の意識が変わるのです。「嫌だな、苦手だな」と頑《かたく》なになっていた心が、ほめるという行為で「そうでもないかも」「むしろ興味が出た」と緩んでいくんですね。

私も授業で韓国のアーティストについて、学生から教えてもらったことがあります。「へえ」と思ってユーチューブで曲を聴いてみたりすると、「意外といいな」と音楽の趣味が広がることもあります。

専門的な話題も、たった一つのキーワードで話が続く

こうして「食わず嫌い」の分野をなくしていくと、趣味的な話題や、少し専門的な話題を振られたときにも困りません。知っている言葉を使って、

「**それって、こういうものですよね**」

と返すと、「あ、ご存じなんですね」と会話をつなげることができます。

少し不安があれば、

「よくわからないのですが、これもそうですか？」

と一言返すだけでも、相手は安心して話を続けてくれます。相手も「この話をして相手にわかってもらえるだろうか」と心配しながら話していることがあるのです。

たった1ワード、2ワードでかまいません。「全然知りません」と答えるのと、知っていることを一つでも返すのとでは、その先の展開はだいぶ変わるのです。

ワーク：知的にすべらない話を見つける

・スマホを使って、世界の歴史の中ですごく面白いトピックを、今から3分間で見つけてみよう
・知らない言葉について、スマホで10分調べて、それについて語れるようになろう

これも授業でよくやるワークです。

「わからない、知らない」を防ぐためには、自分の関心がある分野を少しでも広げられるとよいと思います。

その引き出しを増やすためには、今の時代、スマホ一つあれば実現できます。

何も「沼にどっぷりハマる」レベルにまで深めよ、ということではありません。

「一通り知る」くらいで大丈夫です。

たとえば、世界史であれば、

・中国の殷《いん》王朝では、物事はすべて占いで決めていた。ただし王様は、自分が思う

ような結果が出るまで、占いを繰り返していた[*1]

・暴君ネロは目立ちたがりで、宮殿でリサイタルを開いていたらしい[*2]

など、少し調べるだけでいろんな話が出てきます。

こういう話ができると、知的に見えますね。

また、深い知識をつけるのもラクになりました。たとえば、生成AIについて10分調べると、その概要や使い方、生成AI関連の有望企業など様々な話が出てきます。それだけで人よりも詳しくなれます。

もはや生活に必須となったスマホですが、メッセージなどで友達とおしゃべりをしていても、自分の関心領域はなかなか広がりません。少し調べるだけで知的な会話も楽しめますので、ぜひ試してみてください。

＊1　家庭教師ファースト「【世界史編】社会が好きになる『雑学』6選を現役阪大生が解説」【https://www.kyoushi1.net/column/history-trivia/world-history/】

＊2　マイナビ学生の窓口「まさにジャイアン？『暴君ネロ』は、歌で市民を苦しめたってほんと？」【https://news.livedoor.com/article/detail/11258742/】

自己紹介をするなら、どんな話をする？

大学では史学部で
江戸の文化について
学んでいました

or

ラーメンが好きなので、
会社の近くの
おいしいラーメン店を
教えてほしいです

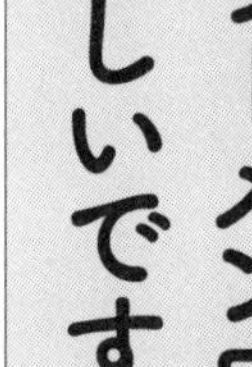

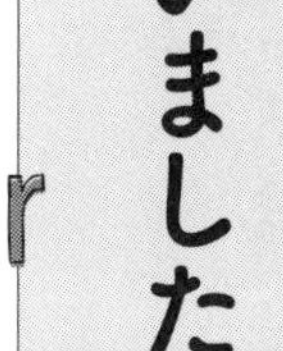

プロフィールを正しく話すより、共通の話題を見つけるつもりで

新しい職場や学校に入ったり、初めての人に会って自己紹介をするとき、あなたはどんな話をするでしょうか?

私が見ていると大抵の人は、自分のプロフィールを話すようです。

「自己紹介なのだから、プロフィールを話すのは当然でしょう?」と思うかもしれませんが、人間関係をつくるのがうまい人は、そこから違います。

自己紹介の原則は、「自分のプロフィールを話す」のではなく、**「相手との接点がつくれそうな話を振る」**ことです。

たとえば、

「私は今、こういう会社で、こんな仕事をしています」

「私は、○○校出身で、こんなことを勉強しています」

といった自己紹介。

それ自体は悪くないのですが、最低限必要な話に加えて、

「ラーメンが好きで都内のラーメン店は制覇しました。おいしいラーメンが食べたいときはお声がけください」

「最近、猫を飼いはじめました。帰るとすぐ癒やされます」

「相撲部では4年間ちゃんこ番でした。みなさんにも振る舞いたいです」

などと、相手に拾ってもらえそうな話をするのです。

人は好きなもの、関心があるものが共通していると、それだけで話が弾みます。

たとえばゴルフ好きが集まっているところではゴルフの話でみんなが盛り上がりますし、同じドラマが好きなら、毎週そのドラマの話題で盛り上がるでしょう。

いわば、**「ミニオフ会」のような場がつくれるような話題を振るのです。**するとその話題を軸にして人間関係をつくっていくことができます。

どんな話題が盛り上がりやすいのか？

このとき、どんな話題が盛り上がりやすいのかは、相手を見て選びましょう。

一般的には、たとえば、「犬を飼っています」と言ったら、全体の半分くらいの人が食いついてくるかもしれません。ペットを飼っている人は、今や子どもがいる人よりも多くなっているそうです。

あるいは仕事であれば、「生成ＡＩを使っていて……」「リモートワークが進んでいて……」などの社会的に話題になっている話を切り出すと、反応がよさそうです。

堅苦しくない場であれば、「最近、コンビニグルメにハマっていて……」「ネットフリックスのあのドラマ見てますか？」などと、身近な話題を話せば、3分の1くらいが反応するかもしれない。「大谷選手を応援しています」という、みんなが注目している人の話題も、反応する人がいそうですね。

話がうまい人がいたら、どう振る舞う？

上手な人がいるから遠慮しておく

or

できる範囲で話す

自分では「面白くない」と思っても話したほうがいい

話のうまい人がいると、自然に聞き役に回ってしまい、結局、自分から話をすることがなく終わってしまう……ということがあります。

しかし、少しくらいぎこちなくても、自分から話をしたほうがいいのは間違いないのです。「私生活の見えない、クールなキャラを演じよう」などと自分では気取っているつもりでも、**周囲からは「何を考えているかよくわからない人」と受け止められる可能性が高い**からです。

自分から話すことに対してハードルが高く感じる人の中には、いくつか心理的な障壁があるように思います。

一つは、「自分の話は面白くないから、話しても意味がない」という先入観。

「何を話しても喜ばれないから」と自己否定の感情を持っていたり、人に喜ばれた経験が少なかったりして、自分のことを話す意欲そのものがないという状態です。

まずは、短めに話す。15秒CMのような感覚で話せば、短いので話すほうも聞くほうも負担が少なくて済みます。あなたが話して誰かが一言でも返してくれたら、それでOKです。

二つ目は、「自分と周りの価値観が合わないから、話しても意味がない」という思い込みです。「せっかく○○の話をしても全然興味を持ってくれない。自分は面白いと思っているのに、周りの人と感覚がずれているのだろうか」と、他人との距離を感じている状態です。

ですが、すべての人と価値観が合わないわけではないと思います。

話していて楽しい人と話す。自信がないときはそれで大丈夫です。

そして元気なときに、「価値観が合わない」と思っていた人の話も聞いてみる。

そうしているうちに相手もあなたの話を聞いてくれるようになるかもしれません。

三つ目は、完全な秘密主義。「自分のことを話すと、そこに相手が入り込んできそうで嫌だ」という恐れです。

しかし、普段の会話では、それほど深い話をしてほしいわけではありません。むしろ、最初からいきなり込み入った話をされても、相手も戸惑うだけです。言いたくないことは誰にでもありますし、その内容も人によって違います。

つまり**「他人にあまり言いたくないこと」はよけておいて、残ったものの中から、差し障りのない話をしていけばいい**のではないでしょうか。話したくない過去などのトップシークレットは、鍵をかけて永久凍土に埋めておきましょう。

また、「この人にはここまで話してもいいかな」と、相手に対して話す内容の範囲を変えてもいいと思います。

「話してもよい」ことを自分から出すと、安心して会話ができる

最近は、お互いの距離が必要以上に縮まらないように気をつけながら、コミュニケーションをとっている人が多いと感じます。
でも、そのままだと、なかなか距離は縮まりません。

だからこそ、最初に「話してもよい話題」を出しておくとよいと思います。相手も**「そこまでは聞いていいんだな」と安心して会話ができる**と思います。

たとえば、
「最近シリアルにハマっていて、毎日食べているんだ」
という話を聞いたら、相手は、
「食生活や健康の話は大丈夫かな」

とわかりますね。

私は、自動車の運転免許の筆記試験に落ちてしまった経験があります。この筆記試験は、大抵の人が受かるものです。私自身は、軽いネタとしてよく話をします。ですが人によっては、自動車免許の筆記試験に落ちたというのは「絶対に言いたくない失敗談」として心の深い場所にしまっている場合もあります。

以前ある人が、私の「筆記で落ちた話」を聞いて、「先生、実は私も自動車運転免許の筆記試験に落ちたんです。それがずっと言えなくて苦しかったんですけど、先生がそう言ってくれてすごくラクになりました。これからは話すようにしてみます」と伝えてくれました。

こんなふうに、**話をしても大丈夫な「失敗談」を言うことで、「実は私も」「私もなんです」と、盛り上がることもあります。**

コミュニケーションという広い海の上に見知らぬ者同士が投げ出されたとき、溺《おぼ》れないためには「取りつく島」が必要です。そうでなければ、無言の海に沈んでしまいます。その島が三つくらいあれば、途中で話が途切れたとしても、会話が続きます。だからこそ、「話せること」を自分から出していくことが大事です。

ただし、聞きたくもないことまで披露してしまう人もいます。「誰もそんなこと聞いてないいんですけど……」と思わず引いてしまうこともありますよね。コミュニケーションは、相手へのおもてなしです。相手を意識して、適切な話題を選びましょう。

永遠に話が続く「～といえば話法」

話を続けることが苦手な方のために一つ、即効性のあるワザを紹介しましょう。

相手の話からキーワードを一つピックアップして、「○○といえば～」と話を続けていきます。名づけて「**～といえば話法**」です。

会話をしているときに「話は変わりますけれど」「全然違う話なんですけど」と、話の流れを断ち切ってしまう人がいます。

タイミングによっては、その前の人の発言を無視するような状況になることもありますし、「何だか唐突な人だな」という印象を与えてしまいます。

そうではなく、相手の話題の中からキーワードをピックアップして「そういえば、

○○といえば……」と、会話の方向を少しだけずらしてつなげていくと、いくらでも話が続きます。

私の授業では、3人一組になって、前の人が話した30秒くらいの話題に対して、その中で登場したキーワードを取り上げ、「そういえば、○○といえば……」と会話を続けてもらっています。これを繰り返しながら、グループ内で会話を回していくのです。言葉がつながっていれば、意味のつながりは少しずれてもOKとします。

ポイントは「少しずらす」ことです。


「大谷翔平さんが結婚しましたね」

「大谷翔平さんといえば、男性化粧品のCMに出てましたね」

「化粧品のCMといえば、資生堂のCMタレント、○○さんに変わりましたよね」

「○○さんといえば、最近見た△△というドラマに出てて、それがすごく面白くて」

というように、会話の方向を少しずつずらしていくと、話が進んでいきます。

一方、あまりずらさず、

「大谷翔平さんが結婚しましたね」

「大谷翔平さんといえば、ドジャースでの活躍はどうでしょうかね？」

「ドジャースといえば、山本由伸選手も期待ですね」

「山本選手といえば、今季はどうですかね？」

「大谷選手も活躍できそうですね」

などと、話がドジャースの行方に絞られ、だんだんと話が行き詰まってきます。


なお、この方法だと、話題（ネタ）をあらかじめ用意しておくことはできず、何を話すかは、前の人の会話次第、拾ったキーワード次第になります。

その点で、「そんな高等な技術が自分にできるだろうか」と不安に思う学生もいるのですが、やってみれば、誰でもできます。どんな話題でもついていけることに、学生自身は驚いているようです。

また、「～といえば話法」は、「話は変わりますけれど」とは違って、前に話した人を尊重する話し方でもあります。

この方法は、接客のプロたちも実践しています。人気美容院のスタイリストやラグジュアリーホテルのフロントなどは、お客様と会話するのが非常に上手です。機会があれば、ぜひ聞き耳を立ててみてください。

忙しくても人間関係がつくれる「10秒雑談」

今の世の中は会社でもどこでも忙しい人が増えています。

その分、意味のないコミュニケーションがとりづらくなり、ギスギスした感覚を覚える人もいます。

とはいえ、飲み会やランチの場を設けようとなると、「そういうことに時間やお金を取られたくない」と考える人も多いと思います。

そんなときは、ぜひ「**10秒雑談**」を試してください。

忙しい中でも、一言二言パパッと会話を交わして、それで人間関係を保つのです。

たとえば、こんな感じです。

（出会い頭に）

「○○さん、会議でのあの発言、よかったですよ」

「ありがとう」

「勉強になりました。では」

「おはようございます。今日はかなり寒いですね」

「寒いね。今年初めて手袋を出したよ」

「私もそろそろ使おうかな」

たったこれだけでも、人間関係は変わってきます。

こんなふうにさりげなく話をして、床暖房のように、その人との関係をじんわりと温めておくと、いざ大事な話があったときにも、スムーズに進められます。

5～10秒の雑談ですから、中身はなんでもかまいません。

気軽に声をかけてみましょう。

タクシーや美容院で話すことがなく、気づまりだという人も、この方法は使えます。

さわやかにほめるには？

専門用語を駆使して
ほめる

or

「わあ、きれいですね！」
と、思ったことを
すぐ口にする

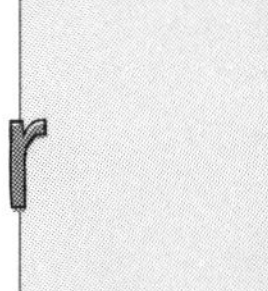

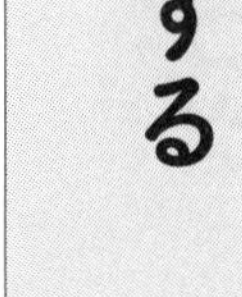

嫌味にならないほめ方のコツ

嫌味なくさわやかに相手のことをほめるには、いいことを言おうとか、こんなふうに言おうなどとあまり考えずに、「感じがいいですね」などと、手短にスパッと言ってしまうのがよさそうです。スパッと言い切ると、さわやかさを感じさせることができます。

タイミングとしては、気づいたときに、さっさと言ってしまいます。

誰かに感じのいいお店に連れていってもらったときも、入ってすぐ「すごい、イマドキですね」「きれいなお店ですね」と、スパッと言い切る。ムリして頑張って「このインテリアは、アール・ヌーヴォーを意識していて、1920年代をうまくオマージュしていますね」などと、凝った言い回しをしなくてもかまいません。

大事なのは、そのときの気持ちを素直に出せているかです。

人は、下心のある物言いに敏感に反応します。「何か買わされるんじゃないか」「裏があるんじゃないか」と、瞬時に心配してしまいます。

そう思われないためには、最初の「あっ」が大事です。

「あっ素敵ですね」と「あっ」が入ることで、用意したコメントではないとわかります。今そこで気づいたことが自然に言葉に出た、という感覚が大事です。

そして、感じたことを言葉にして、手短にほめる。すると、さわやかな感じになります。

感想は、「だからどうなのか」をきちんと伝えよう

私は時々テレビで食レポのようなことをするのですが、そこでも、味の分析よりも、

一口食べたときの感覚を言います。

このときの伝え方の基本は、「**〇〇でおいしい**」です。

「わあ、噛み応えがあっておいしいですね」とか「さっぱりしていておいしいですね」といった具合です。

「噛んだ感じ、結構ガッツリきますね」だと、いいのか悪いのか、中途半端に感じます。だったら「おいしい」をつけて、「ガッツリきて、おいしいですね」とします。

躊躇せずに、さっぱりと手短にまとめましょう。

年齢が離れた人との会話、どちらがスムーズ？

年上が年下に話を合わせる

or

年下が年上に話を合わせる

慣れない敬語でギクシャクするなら、「相手を尊重する言葉」を使う

年齢が離れている人と話すのが苦手な人もいます。

特に年上だと、失礼にならないかと緊張したり、リスペクトしすぎたりして疲れてしまいます。そんなことで、年が離れた人と話すのが面倒になってしまうのです。

年齢が離れている相手との会話については、敬語を活用することがポイントです。

「敬語は使い方のルールがあって苦手だ」と思う人もいるかもしれませんが、それよりも、敬語を使ってラクになるメリットのほうが、何倍も大きいです。

それに敬語については、難しく考えるよりも、相手を尊重していることがわかるような言い方だけ押さえておけばいいでしょう。

手紙に書くような「お目文字叶いましたら光栄です」「ご指導ご鞭撻のほどお願いいたします」など、普段では使わないような言葉を駆使するよりも、「**そうですね、おっしゃる通りです**」「**なるほど**」「**そうなんですね**」と、少し驚いたふうに合いの手を入れていくほうが、相手を尊重している意思は伝わるものです。

自分が年上のときは、無理して合わせない

自分が相手よりも年上の場合は、あまり積極的に彼らの感覚に合わせていかないほうが無難です。

「自分もイマドキの感覚がわかっているよ」と言って近づきたいのは理解できますが、あまりに無理して合わせようとするのは、年下の人にとってはやや気持ち悪さを感じさせかねません。

それより**知らないことは知らないこととして、そのギャップを残しておいてもよいのではないかと思います。**

私自身、長年、大学で授業をしているので、今の若い人の感覚に比較的近いと思っています。だからといって、若者の行動すべてを真似できるかというと、そうではありません。

たとえば、若者言葉を使うのは抵抗があります。「違わない?」を「違くない?」とは言えませんし、「真逆」という言葉も使えない。反対に思わず伝染してしまう言葉もあって、「エモい」は、使いやすいのですぐにうつってしまいました。

迎合せず逆らわず、自然に対応するのがいいのかなと思っています。

「さん」づけで呼ぶか、「くん」づけで呼ぶか

あなたが年長の男性の場合、相手の年齢に関係なく丁寧な言葉を使ったほうがいいでしょう。呼びかけ方も「○○君」や「○○ちゃん」ではなく、すべて「さん」づけにします。特に女性に対しては丁寧語を使うことを基本としたほうが、何かとスムーズでしょう。

なかには、若い部下にも「○○さん」と「さん」づけで呼ぶことで、ともすると増長してしまう自分の中の権威主義、「上から目線」を抑制している人もいます。

サッカーのワールドカップで解説者として呼ばれていた本田圭佑選手が、「三笘さん」「堂安さん」など年下の選手たちに「さん」づけして、丁寧な言葉づかいで解説をして話題になりました。年齢に関係なく「さん」づけで呼んで敬意を示したことに、好感を持った人も少なくないでしょう。

一方で、親交のある選手には名字やニックネームで呼んでいました。こんなふうに、相手との距離感に応じた敬語の使い方ができると、感じがよいですね。

自分が年下なら合わせたほうが好感は持たれる

一方、自分が年下の場合は、多少無理をしてでも、合わせたほうがいいと思います。合わせるといっても、上の世代のことを詳しく調べて話そう、というのではありません。相手が昭和世代だったら、「あの頃はどうだったんですか、バブルってやっぱりすごかったんですか」などと、躊躇せずに話題を合わせにいくのです。

カラオケに行ったときには、昭和の歌をバンバン入れてみる。どうみても気をつかっている感じが丸出しではありますが、それがかえって、思った以上に相手に好感を与えるでしょう。

「〇〇さんも笠置シヅ子とか聴いていたんですか？」と話を合わせにいって「いや、それ全然違う年代だよ」と言われても、そのずれが面白くて、会話も続いていくはずです。

同じようなことを年上の世代が年下にすると、年下の人たちは、何だか自分たちの領域に勝手に入り込まれたような気がして、嫌な感じがしてしまいます。

ですが、下の世代の人が同じことをしたときには、入り込まれたという嫌な感じはしないのです。

話を切り上げたいとき、どちらがカドが立たない？

遠慮がちに言う

or

スパッと言う

感じよく話を切り上げるには、まず、大きく同調する

親切な人ほど、人の話に延々と付き合わされて、なかなか会話が終われない……という状況に陥ることがよくあります。時間は有限の財産ですから、相手に奪われたままにならないよう、うまく切り上げたいものです。

雑談を終わらせるよい方法は、ちょっと大きな声で相手に同調することです。「……ですね。それ、ありますよね～」の「**ね～**」**を大きめに言いつつ伸ばしながら**同調して、「あっ、それじゃ」という感じで切り上げるのです。

相手をさえぎって話を終わらせるには、まずは同調することが大事です。そうしないと、感じの悪さだけを残してしまいます。

このときのんびり入ると、次の話題に進んでしまい、切り上げられなくなります。

同調したら、次の話題に移る前に「あっ、すみません。じゃあ、また連絡しますね」と続けてください。同調して相手を気分よくさせておいて、話の主導権はこちらに移すのです。

「あっ。じゃあ、この次また、よろしくお願いしますね〜」「またアドバイスしてください」と、次の予定があるような雰囲気を出しながらスーッとフェードアウトしていくのもよいでしょう。

極端な話、「次の予定」が本当になくてもよいと思います。

予定の有無よりも、「次の用事があって、致し方なく失礼します」という雰囲気を伝えられればいいのです。

「お客さんに電話しなくてはいけないので」でも、「移動して次の場所に行かなくてはいけない」でもなんでもかまいません。自分の中で設定をつくって、あたかも本当のように振る舞います。演技でも問題はありません。そうでもしないと**察してくれない人は、本当に気がつきませんから。**

「さようなら」は、もともと「左様ならば」。「そのような事情ならしかたないですね」

と言い合って別れるのが日本人の伝統でもあります。

言い方としては、思いきり元気よく言うほうがいいですね。大人しく聞き役に回っていると、どんどん自分の時間を奪われてしまいます。

「ですよねー。ほんとね、そういうことありますよね〜。あ！　ちょっとなんか、また、電話かかってきちゃうんで、また。面白かったので、また次」くらいの勢いで、自分の時間を奪われないようにしましょう。

飲み会を断るには？

あまり気の進まない飲み会に対しては、毎回誘われるままに行くというよりも、何度かに一度行くことにして、あとは、避けられない理由を言って断るとよいでしょう。「すみません。子どもが小さいので」と、子どもを理由にかわす手もありますね。

同じような「避けられない感」があるものとしては、「推し活」も使えそうです。

「今日は推しの生配信があるので」「生で見ないとダメなんで」など、ほかの人が思わず納得してしまうような推しがいると、断る理由がつけやすいでしょう。

自信を失ったら……

会話に苦手意識を持つ人ほど、

「あのとき、ああ言っていたらよかったかな」

「ちょっと反応が薄かったな」

と、考えがちなところがあります。


でも、自分が「できた」というイメージで一日を終えることも大事です。スポーツの練習にも共通しますが、うまくできたときのイメージを自分の中に残しておくと、次も前向きに取り組むことができるからです。

自信がなくなってきたら、「お世話上手な人」に話しかけてみましょう。

集団の中には必ず、「この人は誰とでも話すことができる」という、社会性が非常に高い人がいます。学校のクラスでいえば、転校生にやさしい親切な人がこのタイプです。

特に立食パーティーなどの大勢の人がいる場所で、そういう人を見つけられると、気持ちもラクです。和やかに会話してもらえると、張り詰めた気持ちがふっと和みます。気分も少しリラックスして、周りを見渡せる余裕が生まれるでしょう。

自信がないときは、相性のよい人と話そう

会話には相性もあります。疲れたときは、相性のよい人と積極的に話して、自信を取り戻しましょう。

テレビやラジオの番組では、アシスタントが変わることで、司会の人がやりやすくなる、ということがままあります。番組の進行やトークがスムーズになって、番組が活気づくのです。

これは、司会者とアシスタントの相性がよかったから。つまり、コミュニケーションのスタイルがうまく噛み合ったからです。

「やっぱりあの人がよかった」とか「あの人に代わってくれて、とてもやりやすくなった」というのは、しゃべりのプロの間でも普通に起こることなのです。

普段の人付き合いでも、こういった**「相性」を試してみることが大事**だと思います。いろいろな人と会話をしていくと、何となく感覚で「この人とはしっくりくる」「何だかリズムが合って楽しい」と思える人が見つかるはずです。

相性のいい人が増えていくと、自信を持ってコミュニケーションができるようになっていきます。

第3章

また会いたいと思ってもらえる人の「聞く」技術

人間関係をつくるのに、「話し上手」である必要はあるか

会話というものは、片方が口下手であっても、もう片方が話し上手であればちゃんと成り立ちます。むしろ、お互いが盛んにしゃべり合っている図式より、片方が話していて、もう片方が聞いているほうが、見ていていい雰囲気だったりもします。

会話では、両方が話し上手でなくてもかまわないのです。

たとえば、テレビを見れば、タレントの人たちがスタジオで盛り上がっています。あれはなぜ面白くなっているのだと思いますか?

それは、**「話す側」ではなく「受ける側」がうまいからです。**トークの内容がそこまで面白くなくても、受ける側がうまければ、面白い番組として成り立ちます。タレントには「話すプロ」はもちろん、「受けるプロ」がいるのです。

コミュニケーション力を構成する要素には「話し上手」と「聞き上手」の二つがあります。

この二つを比べたとき、コミュニケーション力が高いと考えられるのは「聞き上手」のほうです。

なぜなら、話してばかりいるのは、実は自己中心的な行為だからです。

どんな話題についても途中から口をはさんで、最後は全部自分の話に持っていく人がいます。そういう人は、自分の話を展開することで相手の話を妨げ、本来平等なはずの時間を奪っています。さらに悪いことに、そんなことをする人は相手に迷惑をかけていることに気づいていません。

意外に思うかもしれませんが、**コミュニケーションを主導するのは、話し手のほうではなく、聞き手のほうです。**

話し上手は、コミュニケーションを支配しているだけ。決して場を主導しているわけではないのです。相手の話にきちんとリアクションをして、話がしやすい雰囲気になるよう場をリードしているのは、実は「聞き手」のほうなのです。

相手が「気持ちよく話せた」と思うかどうか

あなたが「また会いたい」と思った人はどのような人だったか。これまでの自分の経験をもとに考えてみましょう。

たとえばその人は、あなたの話をにこやかにほほえんで聞いていたり、よく反応していたり、手を叩いて豪快に笑ったりしていたのではないでしょうか。そうです。気持ちよく話ができたのは、相手が、面白そうに話を聞いてくれたからなのです。

私には、中学時代から長く続いている友人がいます。その友人は、私の話に「だよね」「すごいね」と、とても上手に受け答えしてくれるのです。そのおかげで私は気持ちよく話すことができます。つい私のほうがたくさん話してしまって申し訳ないのですが、そういう会話のスタイル、会話の型が、二人の間に成立しています。

話をする側からみれば「そうではない。自分の話が面白かったから相手が喜んだのだ」と思うかもしれませんが、それでも相手の反応がよかったからこそ、話しやすい面はあったのではないでしょうか。いくら話が面白くても相手の反応が今ひとつだったら、話すほうもそれほど気分が盛り上がらないでしょう。

人は、面白そうに話を聞いてくれる人に対して「よい話ができたな」と感じ、「また次に会いたいな」という思いを抱くのです。

フジテレビのアナウンサーからフリーになった加藤綾子さんと、仕事でお話をさせていただいたことがありますが、上手にリアクションをしてくれるので、自分がものすごく面白い話をしている気になるのです。これこそプロ中のプロの仕事だなと思いました。

そうした人とは誰もが一緒に仕事をしたいと思いますし、場が明るくなります。

話し上手かどうかということは、コミュニケーションにおいてはそこまで重要な要件ではないのです。それよりも、楽しい時間を過ごせるコミュニケーションのとり方ができるかどうかが、大事なのです。

たとえ相手の話が面白くなくても、リアクションは面白く。

これが今の時代の一番のやさしさではないでしょうか？

どちらが話が盛り上がる？

面白い話をする

or

面白そうに聞く

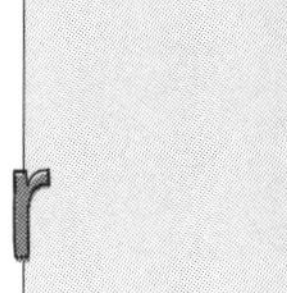

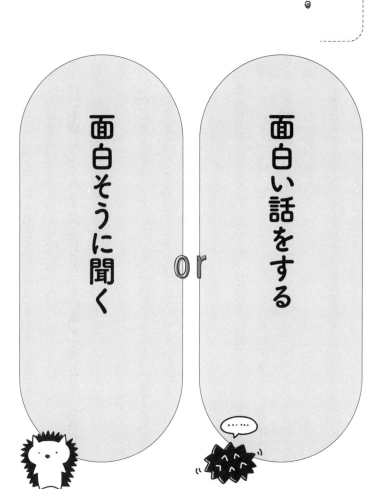

面白い会話は、「リアクション」で成り立つ

「聞く」技術の中で、もっと注目されてもよいものが、「**リアクション力《りょく》**」だと私は考えています。

もちろん、しっかりと耳を傾けながら聞くことも必要ですが、それ以上に「リアクションをとること」は、コミュニケーションを盛り上げる上で、非常に大切な技術です。

リアクションが上手な人と聞いてすぐに思い浮かぶのは、テレビに出てくる芸人さんたちでしょうか。たとえば出川哲朗さんは、リアクションが大きいことが芸風になっています。実際、テレビ番組で出川さんと共演すると、「齋藤さん、そりゃないですよー！」などと言って大きくリアクションしてくださるので、番組が盛り上がります。

「リアクション芸」といわれると、タレントの専売特許のようにも感じますが、本当

は、リアクションとは、コミュニケーションの場をつくるベースとなるものです。

話しかけてもまったく無表情で何も反応してくれない相手だと、「自分の話はつまらないのだろうか」「機嫌が悪いのかな」などと感じて、だんだん話しづらくなっていきます。

反対に、表情がパッと変わって「エーッ、そうなの」「うわぁ、大変だったね」などと即座に反応してくれる相手には「そうそう、それでね」と、もっと話をしたい気持ちになります。

リアクションは、相手に「関心を持っていますよ」と伝えることのできる最大の技術なのです。

リアクションだけで主役になれる

私の教える学生の中にも、「リアクション女王」と呼ばれる人がいました。その名の通り、とてもリアクションがうまくて、誰もが話しやすいので人気者でした。

彼女は自分が面白い話をするわけではありません。ただ、相手へのリアクションが上手だという一点で、クラスの主役ともいえるポジションにいました。

その点からも、コミュニケーションにおいては、話している側ではなく、聞いている側、リアクションしている側のほうが、実は主役的な位置を占めているともいえます。

コミュニケーションは「攻め」よりも「受け」が大事です。無理して面白いことを言うよりも、**自分が主役のような気持ちでリアクションを返す**ほうが、会話がうまくいきやすいのです。

ちなみに彼女は、大手企業からもたくさんの内定をもらっていました。ビジネスでも、「リアクション」がうまい人は、「コミュニケーション力が高い」と評価されやすいのです。

リアクションの幅を広げよう

話芸を磨くことはハードルが高いですが、リアクションのスキルは、練習をすれば確実に上達します。

・相手の話にちゃんと笑えたか
・「そうですよね」と同調できたか
・相手といい空気がつくれたか

を気にかけていきましょう。

ところで、いつも同じリアクションだと、相手も疲れてきてしまいます。そこでバリエーションを増やす努力もしましょう。

基本的なものだけでも、次のようなバリエーションがあります。

・目を見る
・ほほえむ
・相づちを打つ
・ニッコリする
・笑う（豪快に笑ったり、ほほえんだり、様々なバリエーションがあります）
・軽く驚く
・軽く手を叩く

これら一つひとつを意識するだけでも、コミュニケーションのとり方がだいぶ違ってくるはずです。

大事なのは「話す内容」ではなく、相手への「関心が伝わること」です。相づち一つでも、相手に対する関心は示せます。

「合いの手」もバリエーションがある

会話が単調にならないように、「合いの手」についてもバリエーションをいくつか持っておきましょう。

私は「ですよね」をよく使います。何か言われると「ですよね」で返す。これは結構万能です。

ほかにも、「そうなんだ」「へぇ〜」「なるほど」「それで?」「確かに」など、いろいろありますね。若い人同士なら、少しくだけて「からの」「それな」なども使えそうです。学生に聞いてみた中では「わかりやすい!」というのもありました。若い人の中では「わかりやすい」ということが美徳の一つになっているのだと思います。

リアクションは大きめに

リアクションは、気持ち大きめにとったほうがよいでしょう。

「聞き手の自分が主役」というくらいの気持ちで、ちょっと拍手してみたり、「えーっ」と驚いてみたり。**「わざとらしいかな」と思うくらいでちょうどよい**と思います。

年配の男性の中には、リアクションの大事さをなかなか理解できず、あまり表情が動かない方も大勢います。

五千円札の肖像になった新渡戸稲造も、「チアフル（明るい・快活）であることが重要である」と考えていたようです。「リアクション」は場を支える役割にもなります。思いきって試してみてください。

「リアクション＋展開」で、話を盛り上げていく

「話を続ける」ということでいうと、必要なのは、芸人さんのように面白トークを披露することよりも、次の話題へ「つないでいく」展開力のほうです。

基本形は、相手の話にリアクションをして、その次の話題へとつなげる。

「へえ、そうなんですか！」（リアクション）＋**「そういえば……」（展開）**

という感じですね。

この二つをセットにして展開します。

なお、夜のお店でアルバイトをした経験があるという女性は、

「へえー。そうなんですかー」

と高めの声でよく言っていた、と話していました。

それだけでも、相手は楽しい気持ちになれるのですね。

慣れないうちは、「そうなんですか！」とリアクションしながら、次の展開を考えてもよいでしょう。

これができた時点で、すでにコミュニケーションで大切な「聞く」と「話す」はクリアできています。

「私も！」は場を盛り上げる万能のリアクション

最も簡単で盛り上がりやすいリアクションは、

「私も！」

「僕も！」

「自分も！」

と言うことです。

「それ、私も好きです」

「私もそうです！」

と、相手に同調しながら盛り上げていきます。


話し方では、「オウム返しする」という方法もあります。

「この間、駅前のカフェで新しいメニューを試してみたんだ」と言われたら、

「へえ、**新しいメニュー**ね」

と相手の言葉を返して、次の言葉を促すのです（「〜といえば」話法に近いかもしれません）。


ここでは、それに加えて、共感の気持ちも添えてみましょう。

たとえば相手が、

「今、ネットフリックスのあのドラマにハマっていて……」

と話をしたら、

「あ、あの**ネットフリックスのドラマいいですよね**」

と、相手と同じ言葉を使って返します。そのとき大事なのは、「いいですよね」といった言葉を入れることです。すると相手は「すごく共感してもらえた」と受け止めてくれます。相手の言葉を取り出して「いいですよね」「自分も気になっていました」と同意することで、相手は、自分と同じ意見だという共感を覚えるのです。

これによって、自分が投げたボールが返ってきた、つまり会話のキャッチボールが

成立したと思うわけです。

ここで大事なのは、相手の言葉をよく聞いて、「大事なワード」をセレクトすることです。

相手の話を聞きながら、「ここだ」と思う部分に頭の中でマーカーを引いておき、話が終わったときに「やっぱり、○○がいいですよね」と同意を示します。「関心があることが同じ」ということで、相手との間に共感が生まれます。

「共感を示す」ということは、相手に対して「関心を持っていますよ」ということを伝えることです。相手に関心を持って接するのは、コミュニケーションのマナーです。「マナー」は守るように努めましょう。

反省するなら、「うまく話せなかった」ではなく「リアクションがとれなかった」

誰かと話したあと、「ああ、うまく話せなかったな」「あんなこと、言わなきゃよかったな」などと、がっかりしながら帰った経験がある人もいると思います。

しかし私は、「話し方」よりも、まずは「聞き方」を反省してほしいと言いたいです。コミュニケーションは、人のお世話ができることが基本であって、自分が面白い話をするとか、気持ちよく話したいといったふうに、自分本位に行なうものではないからです。

本当に必要なのは、

「うまくリアクションできなくて申し訳なかったな」

「あのときのリアクション、ちょっと違ったかも」

「あそこでもうちょっと盛り上げればよかったな」

といった反省だと思います。

どちらが相手は話したくなる？

自分が聞きたいことを聞く

or

相手が話したがっていることを聞く

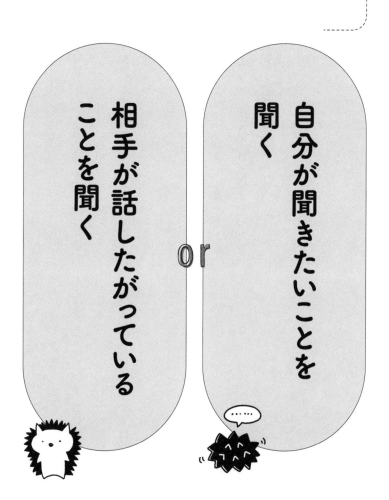

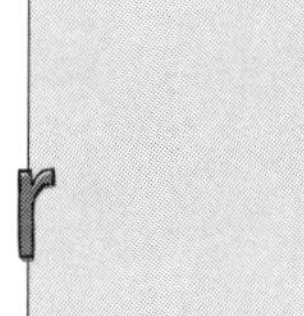

質問力＝「聞きたいことを聞く」のではない

日本と外国の両方の学会に出て気づいたのですが、日本では、発表後の質疑応答の時間にほとんど質問が出ないのに対して、外国の人はどんどん質問してきます。日本人よりも外国人のほうが、質問をしようとする意欲を持っているように感じます。

外国では、質問をすることは「あなたの話を聞きましたよ」という意識もあるようです。相手の意見に質問で返す。これがマナーというわけです。

要は、**質問をするということが、聞いたということの証**《あかし》なんですね。相手の話を的確に聞いて、ちゃんとした質問ができるかどうか。これがコミュニケーションの基本です。

「聞きづらいことを聞く」のが質問力ではない

では、どんな質問が好まれるのでしょうか。

「質問力がある」というと、誰もが聞きづらいことを、周囲の反応を気にせずにズバズバと投げかけることができる猛者がそれだ、と思う人もいるかもしれませんね。

ですが、それは正しくありません。たとえば、「年収はどれくらいですか」というような「答えること自体がデメリットになる質問」があるからです。

そのような質問をしてしまうのは、質問力の熟練度でいうならば「子どもレベル」です。子どもは、周囲のことなど気にせずに「ねえねえ結婚してるの」とか「おじさん今いくら持ってるの」などと、無邪気に質問してきます。子どもならばかわいいなと苦笑交じりに対処もできますが、大人がこれをやっても、かわいくも何ともありません。

優秀なインタビュアーがやっていること

優秀なインタビュアーは、「その人が何を話したがっているのか」を感じ取るセンサーを持っています。

「相手が話したいことは、ここだろうな」

「ここが本質的な話だな」

という部分を探り当てることが「質問力」の本質なのです。

スポーツ中継などでは、現在も時折、「今のお気持ちを！」と聞くインタビュアーがいます。それを聞きたいのはもっともなのですが、その答えは大抵「嬉しいです」「最高です」といった紋切り型のものになってしまいます。

そして、「今後について一言を！」と聞くと、また大抵「次、頑張りますので応援よろしくお願いします」となってしまう。

これは、聞くほうも聞くほうなら、答えるほうも答えるほうです。「もしかしたら人前でのインタビューに慣れていないのかな?」と思うこともあります。

それよりも、その人の今までの経験を踏まえて質問をしたらどうなるでしょうか。たとえば、ずっとベンチを温めてきた選手が、大事な場面で起用され、チームの逆転優勝に貢献したとします。

そのとき、

「何年間か悔しい思いもしてきたと思いますが、今日のお気持ちはいかがですか?」

と聞けば、それまで大変だった思いも踏まえて語ってくれるでしょうし、そうした選手のドラマはファンも聞きたいところでしょう。

理想的な質問とは、相手がそれを話したいと思っている話題を聞くことです。

もし、その場に第三者がいたり、それを報道するような場合は、「相手が話したいこと」に加え、「ほかの人も関心があること」という条件も加わります。

それを瞬時に擦り合わせて、「これを聞いたらどうなるかな」と判断する。それが大人の質問です。

質問がうまい人はキーワードをつかんでいる

会話を続けるには、質問の方向を外さないことも大事です。

たとえば、相手が最新の「ゴジラ」の映画がよかったと熱心に感想を話しているときに、「そういえば、トカゲは飼ったことがありますか?」などと聞いたら、相手は「この人は何を聞いてるんだ?」とがっくりしてしまうかもしれません。

こんなふうに、話の内容からずれていると、「一体何を聞いていたんだ」「いきなり違うことを言い出して、唐突だな」という印象になります。仕事の場であれば、信用も落としかねません。

こんな「事故」を起こさないためにまず大事なのは、話の要点を書いておくこと。

つまり、**メモをとること**です。

相手の話を聞いて、自分が知らなかったこと、気がついたことを書いていくことで、話の内容を頭の中で濾過《ろか》して、整理することができます。

文章ではなく、キーワードを書き留めるだけでもかまいません。

多くの場合、手元にメモがないことのほうが多いですから、そのときはキーワードを頭に留めておくことで、次の質問につなげられます。

キーワードさえ見つけられれば、

「今お話しされた○○（キーワード）という言葉ですが、もう少し具体的に言うと、どんな感じでしょうか」

「なぜ、○○（キーワード）だと、そうなるのでしょうか？」

と、次へつながる質問ができます。

このメモをとる（キーワードを頭に留める）作業を習慣化することで、発言の中からキーワードを拾うセンサーが鍛えられていきます。このセンサーの感度を高めることが、質問力アップにそのままつながります。

職場でも鋭い質問ができて、一目置かれるかもしれません。

「すごいインタビュアー」を自分に降ろしてくると、質問がしやすくなる

質問が苦手という人は、遠慮がちなところもあると思います。

そんな場合は、自分がインタビュアーになったつもりで相手の話を聞いてみましょう。

とあるユーチューブで聞いた話です。

その人は基本的には話すのが苦手だけれど、尊敬するプロデューサーを自分に降ろしてくると、なぜか話せるようになる。いつもは緊張するけれど、急にどんどん質問ができるようになって、思い切った提案までしてしまうのだそうです。

自分の人格にとらわれているとできないけれど、「自分じゃなくて、その人になり切れば話せる」「プロデューサーという立場だったら話せる」ということがあるのですね。

他の人や別の立場になりきらなくても、頭の中で「これは取材の場面だ」とイメージして、自分の視点を切り替えてみると、今までのぎこちなさが嘘のように消えて、話を聞き出しやすくなるでしょう。

私の授業でも、コミュニケーションが苦手だという学生に「インタビュアーになってみよう」と助言した途端、急に優秀なインタビュアーに変身するのを何度も目の当たりにしてきました。

自分の意識を変えるだけで、相手との関係が変化し、話しやすくなります。

相手と深い話ができるプロのインタビュー術

相手に一歩踏み込んだ深い質問ができると、相手との関係も深まることがあります。
そんな質問をするには、二つの方法があります。

①その場で引き出す

一つは、相手に対する事前情報を一切入れずに臨む方法です。

これは、相手とのその場の空気感によって、質問を変えていくやり方です。事前に情報がない分、相手の話を「そうなんですか！」と新鮮に受け止め、生き生きとした受け答えをすることができます。

②事前情報をしっかり入れる

①とは逆に、事前情報をしっかりと仕入れて臨む方法です。

メディアによく登場している方の場合、何度も同じことを聞かれていることが多いのですが、それは結構つらいものです。

しかし、インタビュアーがその人のことをよく調べていると、「エッ、そんなことまで知ってくださっているの？　じゃあ、前提は飛ばして、一番大事なところを話しますね」と、一気に核心に切り込むことができるようになります。

メディア取材の話ではなくても、お近づきになりたい人がいたら、先にＳＮＳで調べておくと、話も深まりやすいでしょう。

最近、旅行をしたとか、仕事で成功した、何か新しい経験をした、といった投稿をＳＮＳで見つけたら、それについて聞いてみると、相手は喜んで話してくれるかもしれません。ほかの人がしないような、一歩深い質問をすることで、関係性を深められるでしょう。

「初めて聞かれた」質問は心に残りやすい

相手の記憶に残りやすいのは、「そんなこと、聞かれたことがない」という、クリエイティビティの高い質問です（相手が話したい範囲の質問であることは前提ですが）。

この場合、いい意味で相手を驚かせる効果があります。すると「そういう質問を受けて、今初めて考えたんだけど」と、相手がまだ誰にも話していないことを話してくれるかもしれません。

プロのインタビュアー、対談のプロはそうやって、これまでに出てこなかった話を聞いて、話をどんどん発展させていくことができるのです。

対談本で「質問力」を鍛える

「質問力」を上げるのにはコツがあります。

一つの練習として私がおすすめするのは、「対談本」を読むことです。

私がこれまで読んだ本の中から、いくつか紹介しましょう。

たとえば『小澤征爾さんと、音楽について話をする』（小澤征爾、村上春樹共著新潮社）では、村上春樹さんがご自身の音楽知識をベースに、小澤征爾さんにどんどん質問をしていきます。

村上さんは小説家ですが、大の音楽好きで、大学在学中にジャズ喫茶を開くなど、音楽に対してとても造詣《ぞうけい》が深いのです。その村上さんが、クラシック界の大家に対して、尊敬の気持ちを込めつつ話を聞いていきます。

たとえば、村上さんの質問だけ引用すると、こんな感じです。

「小澤さんは先にニューヨーク・フィルでやってて、そのあとでベルリンに行ったんですか」

「ニューヨークにはどれくらいいいたんですか？」

「出てくる音はがらっと違いますよね。当時のニューヨーク・フィルとベルリン・フィルとでは」

「しかし60年代前半のニューヨーク・フィルの音って、とりわけ硬質で攻撃的ですよね」

「ああいう音って、アメリカのリスナーに受けたんでしょうか」

と何気ない話から入って、どんどんその分野の深い話に踏み込んでいきます。

対談中の二人から対等な雰囲気がするのは、村上さんの膨大な知識量が、小澤さんにも刺激になっているということなのですよね。

この対談を読んでいると、「**これが知性の力だ**」と感じます。自分の専門外のフィールドにおいてもこれだけ詳しくなっていると、その道の達人とも濃い話ができることがわかります。

「これぞ対話というものだ」という、対話の本質を感じたいなら、『ゲーテとの対話』（エッカーマン著　山下肇訳　岩波文庫）でしょうか。

エッカーマンという30代の青年が、詩人である70代のゲーテに教えを請う。するとゲーテが、一生懸命それに対して教えていくというものです。

エッカーマンの問いが、彼自身の関心に基づくものであるからこそ、それに応えるゲーテの人間としてのよさが見事に表れているように思います。

私は若いときにこれを読んで、こんな対話の場に居合わせた幸せを感じました。生きた言葉のすごさ。まるで今、ゲーテが目の前で話しているような気持ちになりました。のちに哲学者のニーチェが「ドイツ語の最高の本」と評しています。

対談や対話ものの本を読んでいくと、「これはこのように質問するんだ」とか「こういうことを聞きたいときは、こんなふうに持っていくのか」と、質問の仕方がだんだんとわかってきます。そして「自分もこんな対話がしてみたい。こんな対話ができる相手がほしいものだな」と思うわけです。

実際に相手が見つかったら、それは一生の宝です。

ずっと楽しく語り合える人がいる。それだけで、あなたの人生は素晴らしく豊かになるのですから。

ラジオでは「話がうまい人」の相手をしている人に注目しよう

ラジオ番組もおすすめです。

私は、安住紳一郎アナの「日曜天国」をよく聴いています。

安住さんは、話すことについての才能も素晴らしく、もちろん話も面白いのですが、取材の勉強をするなら、アシスタントの中澤有美子さんに注目するとよいでしょう。中澤さんのリアクションは素晴らしくて、「こういうふうな会話をすると相手が話しやすいんだな」ということが学べます。

第4章

相手との距離を縮める話し方

「中距離」の人間関係が人生を豊かにする

人間関係を深めるには、「また会いたい」と思ってもらうことが大事です。たとえば、次のような人は相手からも「つながっていたい」と感じられるのではないでしょうか。

- ・その人の話を聞いてみたいと思える
- ・知りたい情報を知っている
- ・「その場」にいてほしい人と思われる

負担にならずに長く続く人間関係

なかには、出会った人たちと長くつながる、という人間関係があります。

大人数で取り組むプロジェクトやイベントに参加し、それが終わったあとも、何人かのグループで個人的な付き合いを続けていたり、連絡を取り合ったりするようなケースです。

学校や仕事でのことを思い出してみましょう。「そういえば、あの人とだけは連絡を取っている」とか「あれからまったく顔を合わせる機会はないけれど、年賀状をやりとりしている」「SNSで近況だけは知っている」など、心当たりがあるはずです。

それらの人たちは、人付き合いの距離感でいうなら「中距離」の関係。お互いに連絡先を知っていても、それが負担にならず、長めのスパンで連絡を取り合う間柄の人たちです。

私は、実はそんな**「中距離」の人たちこそが、人生を豊かにするために重要な存在だと考えています。**家族や親友などの近しい存在が自分という家を支える大黒柱だとすると、中距離の人たちは、家をより丈夫に、倒れないように支える間柱《まばしら》のような役割を果たしてくれているのです。

自分の人間関係に「中距離」の人たちが増えていくと、自分が社会とつながっている実感が増します。同時に、「自分はいろいろな人から、こんなに支えてもらっているのだ」という幸福感も増していくでしょう。

情報提供するなら、どちらの話し方がいい？

とっておきを一つ伝える

or

選択肢を三つ用意する

話すときは最大1分で面白いことを三つ

新しい情報を適度に提供してくれる人は、相手によい印象を与えます。

何も、教養あふれる話題を提供せよと言っているのではありません。「こんなお店がおいしい」「サブスクだとこのサービスが便利」といったような、日常生活に役立ちそうなちょっとした情報でいいと思います。仕事関係の相手であれば、業界の情報など、仕事に役立つ話題は相手も関心があるでしょう。


また「何かおすすめの映画はありますか」と聞かれたとき、「たくさんありすぎて……」と返してしまうのでは、次に話が続きません。

相手は「何か教えてほしい」と言っているのだから、「『ショーシャンクの空に』はよかったですよ」とか「インド映画の『RRR』は絶対おすすめです」など、何らかのタイトルを出したほうが、話は続きやすいでしょう。

おすすめの情報は、二つか三つ

おすすめを聞かれて困る人は、一つに絞り切れないということがあるのではないでしょうか?

そのときは自分の**「ベスト3」を挙げてみましょう。**

すると、相手は自分の好きなものを選びやすいですし、相手が気に入るかどうかを気にしすぎることもなく、紹介するほうも気楽です。

それでも「こんな映画を推したら、マニアックな人と思われないかな」「ちょっとこのシーンは好みが人によって分かれるな」というようなことがあれば、おすすめのポイント別に提案してもよいと思います。

映画の話の続きで言うなら、「みんなが感動するものは○○、過激なシーンを避けたいなら○○、サスペンスが好きなら○○」のように、おすすめのポイント別に提案できるとベストです。

「なんでもベスト3」をつくっておく

話せる話題を広げるには、どの領域においても「おすすめ」を3つくらいつくっておくとよいでしょう。私はこれを「なんでもベスト3」と呼んでいます。

79ページの「関心発見マップ」を使って、自分が興味のある分野や、よく知っている分野について、あらかじめ「ベスト3」をつくっておきます。

どんなジャンルでも結構です。

たとえば「マクドナルドのメニューベスト3」「好きなポケモンのキャラベスト3」など。音楽に詳しいなら「ショパンのピアノ曲のベスト3」「歴代の優れたドラマーベスト3」など、特定のジャンルの限られた領域のベスト3でもいいでしょう。

また、話題を広げたいのであれば、あえて自分があまり知らないジャンルについて「ベスト3」をつくることに挑戦してもよいと思います。

あまり洋楽を聴かないのであれば、あえて「自分の好きな洋楽ベスト3」を見つけてみる。ユーチューブで少し探せば、すぐつくれます。

今まで洋楽について振られて、「いや、知らなくて」と返事をしていた人も、「最近、聴いたのですが、◎◎というバンドがいいですね」と話せると、それだけで会話ができる人が増えていきますね。

一つはひねったものを入れる

「ベスト3」を出していくと、自分の中の価値判断の基準がわかってきます。

私は以前、ゲストで呼ばれたラジオ番組の企画で「松田聖子さんの曲のベスト10を出してください」と依頼されたことがあります。選んだ曲を番組でかけてくれると言うのです。

これを考えるのは、結構楽しかったですね。「第何位から考えようか、みんなが知っている曲ばかりだと少し意外性がないかな」などと考える時間は、聖子さんの曲に対する自分自身の捉え方を見直すことにもつながりました。結局第1位にはアルバム収録曲の「ハートをＲｏｃｋ」を入れました。

ベスト1ではなく、ベスト3まで考えることで、「シングル曲以外のものを入れる」ような、ややひねったチョイスも加えることができます。

たとえば「好きなマンガ家ベスト3」を言うとき、「井上雄彦、尾田栄一郎、つげ義春」と答えると、「えっ、つげ義春？」と、少し面白味が出てきますよね。**誰もが知っているものに一般的ではないものを忍ばせる**、というのも、情報提供の一つの技術。コミュニケーションでは「えっ？」と思わせることも必要なのです。

なお、相手におすすめの情報を聞いて紹介されたものは、素直にそれを試してみましょう。映画であれば、サブスクなりレンタルなりで観て、簡単にでも感想を伝えることで、次に相手と会話をする糸口ができます。聞いておいて観ないというのは失礼ですし、誰かのおすすめを知ることで、自分の情報の幅も広がります。そうして「あの人はなんでもよく知っている」と思われると、会話の接点もまた広がるでしょう。

情報を持つことが求心力になる

なお「この分野なら任せて」という自分ワールドを持っている人は、それが個性につながります。

大学の授業で「4人一組になり、LINEを交換して友だちになろう」という課題を出したことがありました。そのとき、あるグループにラーメンに詳しい学生がいて、みんなでラーメン店に行くという企画を実行したのです。単にラーメンに詳しいというだけなのですが、それでも、グループ内のまとまりをつくるのに、とても役立っていました。

そのほか、「スライドの作成は任せてほしい」「マンガに詳しい」「Webビジネスは詳しい」など、ある程度の情報を持っていることも、魅力の一つになるし、相手に覚えてもらいやすいでしょう。好きなことについては、とことん掘り下げるのもよいと思います。

説明は15秒CMで

好きなことについて話したり、とっておきの情報を話すときは、どうしてもテンションが高くなって、あれこれ教えたくなります。

ですが、たくさん話す必要はありません。重要なのは、「**短く話す**」ことです。98ページでもお話ししましたが、何かを説明するときも、1分、2分ではなく、15秒CMのつもりで話すのです。

たとえ、それほど面白い話でなくても、それが短ければ、聞く側は何とか耐えられるわけです。しかし1分を超えると飽きてきます。話は短いほうがいいのです。

たとえば最近はじまったテレビドラマの話題であれば、どこが面白かったかを、番宣のように15秒とか30秒程度で軽く紹介すれば十分です。

大事なのは、内容よりも「三つ」ということ

このときのコツは、おすすめポイントを三つ入れること。「なんでもベスト3」に続き、ここでも**「三つ」で勝負**です。話の中に根拠が三つあれば、相手も納得しやすいのです。

私が勤務する「明治大学」を例に、ちょっとやってみましょう。

「私は明治大学をおすすめします。何がいいかというと、長い伝統があり卒業生がとても多いので、どこに行っても知り合いやOBがいます。NHKの朝ドラ『虎に翼』のモデルになった三淵嘉子さんも卒業しています**（根拠1）**。また、本の街の神保町が近いので、大学の周りが知的な雰囲気です**（根拠2）**。そして何しろ学生の元気がいい。『前へ』というスローガンを共有しています**（根拠3）**。そこが一番です。よろしくお願いいたします」

こんな具合です。うまくつなげずに延びたとしても、1分以内で収めることを目標

にしましょう。

おすすめポイントを何にするかは、あまり気にする必要はありません。内容よりも、三つという数にこだわりましょう。そして手短に話す。これを意識してください。

どちらのほうが距離が縮まる？

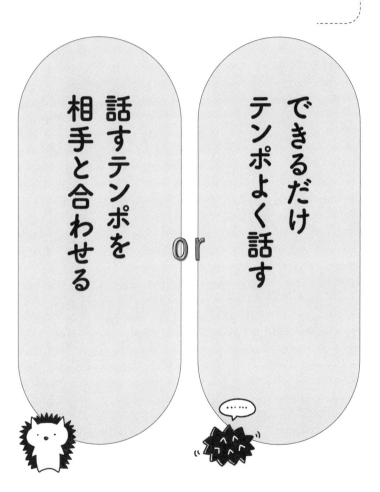

できるだけテンポよく話す

or

話すテンポを相手と合わせる

状況に応じて、会話のテンポを使い分けられるようになろう

相手との関係を深めるには、相手のテンポに合わせてあげることも大事です。

ただし、まだそこまで仲がよい相手ではない場合、今の時代は、**少しテンションを上げた状態のほうが、コミュニケーションをとりやすい**ような空気があります。

ユーチューブを観ると、それがよくわかります。ユーチューバーは、テンポよく話すことで、視聴する側を引きつけようとしています。私もユーチューブをよく観るのですが、彼らの速い口調に影響されてか、どんどんせっかちになって、再生速度を1・25倍、1・5倍、1・75倍と上げて視聴するようになりました。今はついに、2倍で視聴するようになっています。

テレビの生放送でも、3秒の間《ま》が空くと「どうした、このスタジオは！」という状態になります。2秒でも違和感がありますし、私は1秒でも遅い感じがすることがあります。出演している側も瞬時に言葉を選ばなければならず大変です。今は見ている人の情報処理の能力が高くなり、ゆったりした会話が耐えられなくなってきているのではないかという気がします。

授業でも、「内容が濃い」「勉強になる」というコンテンツより、**「先生の話すテンポがよい」ことが、授業のうまさにつながっています。**

話すテンポだけでなく、テキパキとした展開も学生には好評です。「じゃあ次、ストップウォッチで計るから、一人15秒ね」「考える時間は30秒ね」「じゃあ次行きます、はい」と、どんどんテンポよく展開して、学生を飽きさせないようにする。そうでないと、授業を聴いてくれません。私は教えることのプロとして、100分なら100分の間中、学生が片時も気を抜けないようにします。

すると、彼らはどう感じるか。「疲れた」というよりも「あっという間だった」という感想を言ってきます。テンポがいいと、たとえ100分でも「こんなに短く感じたのは初めてだ」と感じさせることができるのです。

普段の会話で求められるテンポとは?

今の社会はSNSを筆頭に、さほど関係が濃くない人とも大量のコミュニケーションをとることが日常となっています。

そこでは、会話の深さよりも、テンポに乗っていくことが求められます。

私の授業の例からも、実は**会話というものは、その「意味」よりも「テンポ」が果たす役割が大きい**ことがわかります。何を話すか、ではなく、テンポよく話すこと。複数の人とポンポンとテンポよく話を回して成立させるという面では、現代の会話は山手線ゲームに似ています。中身よりも、リズムを維持することが最優先になっているのです。

しかし、相手とゆったりとした時間の中で話をすることは、感情をやりとりするうえでは、よいことです。

本来の会話のあり方としては、双方がじっくりと考え、内容のあるやりとりをするのが正道です。私自身、会話は深いほうがよいと考えていますので、相手に考える時間が必要であればそれを待ちます。

言葉が出る。さらに考える。相手に返す。そんな**ゆっくりした会話ができる間柄こそが、本当の信頼関係**だと思っています。

もしそんなテンポで会話ができる相手がいたら、それは貴重なことです。大事に深めていくとよいと思います。

自分のスタイルを見つけて話そう

話し上手な人がいて、聞き上手な人がいる。そんなふうに、得意なコミュニケーションのスタイルは、人それぞれです。

たとえば、戦場カメラマンの渡部陽一さんは、とてもゆっくり話します。彼はもともと話すスピードはここまでゆっくりではなかったそうです。しかし言葉が通じない地域に行ったとき、正確に、ゆっくりと、わかりやすく伝えることを心がけていた結果、現在のスピードになったそうです。

今はそれが渡部さんのスタイルとして認識されています。

先ほどお話ししたように、今の社会は、会話のスピードがどんどん速くなってきています。

しかし親しい間柄であったり、2～3人の少人数であれば、たとえ話しぶりが流暢でなくても、自分のスタイルを変えずに会話をすることができます。

一例を挙げると、合理的に話したがるタイプの人は、すべてを論理的に説明しようとしすぎて堅苦しい言い方になることがあります。

でも、それが自分のスタイルだと相手に理解してもらえていれば、「頭が固くて小難しい理屈を言う、冷たい人」などと思われることなく、「そうはいっても、ちゃんと仕事をする人だから」と評価されます。

初対面で「この人、無口だな」と思われても、だんだんと慣れてくると「ああ、単に無口なのではなくて、無駄なことを言わない人なんだ」とわかってもらえます。話すことがあればちゃんと話す人なんだな、と、相手に理解してもらえる段階が必要なのです。

それぞれの人に、生き方のスタイルがあるように、話し方にもスタイルがあります。自分自身のスタイルは保ちながらも、必要に応じて速いテンポでも話せるようにしておく。お互いゆっくりと、深い話ができる相手がいれば、自分のスタイルで話す。こんなふうな切り替えができるとよいと思います。

長く友だちでいるには、スタイルが合う人を見つけることも大事です。

「この人とはしっくりくる」という人を見つけたら、その関係を大事にしましょう。

場のテンポに合わせる

なお、速いテンポに合わせるのが苦手な方は、食事をしながら人間関係を深める、という方法もあります。

食事をしながらの会話は、食べる時間が必要ですから、ずっと話を続けなくてもかまいません。会話のテンポは少しゆっくりになります。

お酒が入ると、さらにテンポは変わります。特にお酒の場は、関係を親しいものに変える場でもあります。

その場の会話のテンポをつかみ、それに合わせることで、苦手意識も取り去ることができます。

長く関係が続く
グループはどちら？

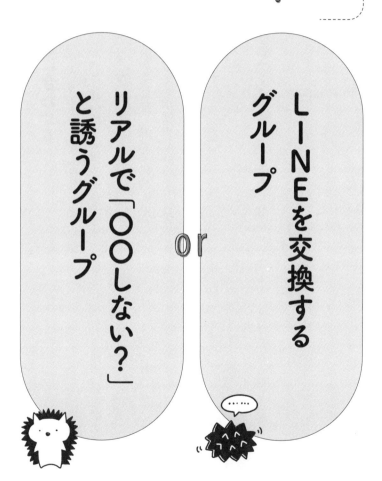

LINEを交換するグループ

or

リアルで「〇〇しない？」と誘うグループ

人間関係が続くかどうかは、勇気のある人がいたかどうか

41ページにまとめましたが、誰かと仲良くなるには段階があります。

最初は挨拶やごく簡単な雑談からはじまって、だんだんと個人的な話もするようになります。

では、仲のよい知り合いがたくさんいる人と、そこまでではない人は、何が違うのでしょうか。

答えはシンプルで「**一歩踏み込めているかどうか**」です。

人間関係を深めたくても、雑談を続けているだけでは、なかなか前に進みません。

私は大学の前期の初めの授業で、学生にランダムに4人グループをつくってもらい、その場でＬＩＮＥを交換して「来週までにみんなで何か一緒にやってくる」という課

題を出したことがあります。すると、一気に仲良しになったグループと、ほとんど何もできなかったグループとに分かれました。

前者は、「空きコマの時間にみんなでカラオケに行ってきました」「時間を合わせて一緒に昼食を食べました」などと報告してきます。感想を聞くと、「すごく楽しかった」と教えてくれました。しかし後者は、ＬＩＮＥを交換したあと、ちょっとだけやりとりして、特別な発展もなく終了してしまっています。

両者に何か決定的な能力差があったのか。そんなことはありません。学生のコミュニケーション力にも、さほど差は感じられない。それでは一体何が違ったのかというと、**グループの中の一人が「〇〇しない？」と言ったかどうか**なのです。

「おいしい店が近くにあるから行かない？」

「このあと、みんなで学食に行ってコーヒーでも飲まない？」

そんなふうに、みんなを誘う誰かがいたかどうか。違いはそれだけ。しかし結果はまったく違ってきます。

ほんの少しの勇気ある発言が、現実を変えていくのです。

「遠慮」の壁を取り外そう

「〇〇しない？」と声をかけられない原因の第一は、他人への「遠慮」です。

「こんなことを言うと、ほかの人に迷惑なんじゃないか」

「相手に図々しく踏み込み過ぎではないだろうか」

「こんな提案をして、自分の感覚がへんだと思われてしまわないか」

など、いろいろなことを考えすぎて、身動きがとれずにすくみ合ってしまう。

このような状態に陥ったグループは、人間関係を何も変化させられないまま終わります。それなのに、授業後のアンケートには「友だちになりたかった」と書いてくるのです。

彼らは人が嫌いとか、一人がいいとか思っているわけではなく、友だちはほしいのです。

そこで私は次の授業で「もう一回やってみてください。できなかったら、できるまでやります」と指示しました。すると次はすべてのグループが、何らかの行動をとってきました。

彼らの行動が変わったのは、私が「できるまでやります」と強い言葉をかけて、彼らの**「遠慮の壁」を取り払ったから**です。学生たちは「できるまでやらなくてはいけない。だから、遠慮しなくてもいいんだ」と受け止め、行動を変えたのです。

私は、学生時代に仲良くなった友だちは、その後何十年にもわたって付き合う関係になることを、長い経験で知っています。それなのに新入生が4人いて、それぞれ仲良くなったほうがいいと思っていながらも、遠慮し合って何もできないなんて、もったいないことだと思います。

忙しくて時間が合わないなら、空いている時間にLINEで参加するとか、やり方はいくらでもありますね。

「遠慮することで新しく人間関係をつくるチャンスを失ってしまって、本当にいいの？」と言いたいのです。

「次の機会」をつくる人の情報交換

相手との「次」をつくるのが上手な人は、雑談の際にも「あ、そうしたら、この画像をLINEで送りますね」などと、**次につながるコミュニケーションを自然に入れています。**こうしてさりげなくLINEを交換して、仲良くなっていきます。

そのとき提供する情報は、日常的に役立つ内容で十分です。世界経済がどうこう、紛争地域がどうこうというものではなく、「このお店、よかったよ」「それについてはこの動画が詳しかったよ」「その曲が好きなら、このMVも気に入ると思うよ」といった「お役立ちコンテンツ紹介」のイメージです。

相手が知りたい情報を送ってあげると喜ばれますし、双方が好きなコンテンツであれば、「面白かったですね」などと感想も言い合えます。

こうして情報交換からはじめて、「次はこれを送りますね」と、相手に負担がない形でやりとりをする。何か送られたら「面白かったですよ」と返事をする。

このやりとりですと、自分の好みを押しつけているわけではないので、押しつけがましい感じにもなっていません。

情報を共有できると、お互いに感想を言い合うことができます。それが会話の糸口となって、新しい人間関係が生まれていくでしょう。

実現できるお誘いはどちら？

「○日は空いていますか？」

or

「今度、会社帰りに食事でもどうですか？」

個人的にもう少し仲良くなりたいと思った相手を誘うときも、選択肢を挙げて提案するのがよいと思います。

いきなり「○日は空いている?」と聞いて、相手にYESと言わせてから、「じゃあ○○に行こう」と誘ってくる人がいます。ただ日程的に空いていると言っただけなのに、返事をした瞬間に行くことにされてしまいます。このような自己中心的な誘い方は印象がよくありません。

かといって「今度ごちそうしますよ、どうですか」では、漠然としすぎていて、大抵実現しません。

誘うなら、**「今月末あたり、会社の帰りに、こんなお店でどうでしょう」**というように、具体的なイメージを提案します。できれば、いくつかのお店を出して選択肢を示せるとよいでしょう。そのほうが、誘われた側も返事がしやすくなります。

ただ何となく「どうでしょう」と誘っても、うまくいくことはほぼない、と思ったほうがよいですね。

●「誘う」のが苦手なら「提案」にする

「○○しない？」と誘うことを、「相手の領域を邪魔すること」「意見すること」と考えずに、シンプルに「**提案**」だと考えると、発言するハードルを下げることができます。

そして、一つの案に絞らず、いくつか選択肢を挙げると、もっと気楽になります。

たとえば、昼食に誘うにも、「**食べるんだったら、近くのカレー屋さんに行くのと、少し高いけどおいしい和食のお店と、どちらがいい？**」と、アラカルト方式で提案するのです。

選択肢があれば「今日は、カレー屋がいい」などと、相手の答えを引き出すことができます。

相手に合わせて上手に提案する「提案力」こそ、人間関係を大きく左右するのです。

距離のある人とは、何かを一緒にやる機会を

誰かと何かを一緒にやることでも、お互いの距離を近づけることができます。

昔の男子大学生なら、麻雀をすることで友だちを増やしていきました。大学の周りにはいくつもの雀荘があって、なかには入り浸りの学生もいました。

麻雀をしている間は全員で一つの卓に座り、いろんな話をしながら牌を打ちます。麻雀の仕方にもスタイルがあって、「リーチはすぐかけるな」「すぐポンとかチーとか鳴くな」とか、雑談と並行してゲームの駆け引きも行ないます。一晩一緒にそれをすると、相当仲良くなります。

ゲームでなくても、何か作業をしながら話すのもいいですし、スポーツを一緒にす

るのでもいいでしょう。同じコンテンツを観ながらX（旧ツイッター）でつぶやき合うようなこともアリです。

お互いが面と向かって「さあ、コミュニケーションしましょう」とやってしまうのは、結構きつい状況です。無理をしないで相手との距離を縮めるには、何らかの作業を共有しながら会話できる環境を作ると、自然に関係性を深められるでしょう。

相談を持ちかけるのも、関係を深める機会になる

距離を縮める方法として、「相談を持ちかける」手もあります。

この場合の相談は、ヘビーなものではなくて、最近身のまわりで起こった、ちょっとした困り事などです。

たとえば「このアプリの使い方がわからない」といったことでしょうか。みんなが知りたい最近の話題にまつわる具体的な内容を、「相談事」として話題にします。

人の役に立てると、大きな充実感があります。人はどこかで、人の役に立ちたいと

思っています。大抵の場合、相談事を持ちかけられた人は、親身になって答えようとします。話を聞いている人も盛り上がって、お互いに知識を共有できるし、話題として最適です。

相手に負担をかけたくないなら、**相手が詳しいこと、よく知っていることを聞いてもよいでしょう。**

ある地域のお店の情報に詳しい人なら「今度妹が上京してくるのでおいしいお店に案内したいのですが、いいお店を教えてもらえませんか」など、相手が得意な領域についで質問することで、会話を成立させていくのです。

大学の授業で「相談事にアドバイスをする」ワークを行なったときも、学生は初対面同士ながら、みんな相手の話をきちんと聞いて共感し、誠実にアドバイスをしてくれました。

うまく相談ができれば、相手との関係も変わるかもしれません。

2回目に会ったときは、前回の話からはじめる

最初に会ったときは、自己紹介からはじめて、楽しく会話ができて、よい時間が過ごせた。けれども、一通り話をしたあとの、2回目に会ったときの会話で困る人もいます。

1回目に盛り上がり、ある程度お互いを認識できているのならば、悩む必要はありません。一番簡単なのは、「**前回の復習をする**」ことです。

【実況中継】

A　この間はどうも。

B　あっ、どうも。楽しいお話をありがとうございました。

A　そういえば、お話ししていたワンちゃん、あれから元気で

前回会ったときに出た話から続けよう

すか？

B　ええ、相変わらず、いたずら好きで。あれからお仕事、どうなりました？

A　そうなんですよ。実は最近……。

近況報告もからめると話が広がりやすい

どうしても思い出せないときは「前回、何の話をしましたっけ」とストレートに入って、二人で思い出し合う作業をするのも、前回共有した時間の追体験ができます。もし忘れてしまっていても「すみません。年を取ってきて、記憶力が……」と、笑い話にすればいいですよね。

前回の話に加えて、15秒くらいの近況報告をすると、なおよいでしょう。長々と話さずに、最近の自分の身のまわりの旬な話を手短にします。最近起こった出来事を話すのですから、前回の話と重ならないし、自分自身も新鮮な気持ちで話すことができます。

人間関係を深めるには？

SNSで話せばいい

or

リアルでも会ったほうがいい

リアルで会うのはハードルが高い！

今の時代のコミュニケーションは、言葉以外のものを媒介に成立する場面が増えてきているように思います。

たとえば口下手だけど写真が得意な人が、撮影した写真に一言だけキャプションをつけてSNSに掲載する。そこに同じく写真を趣味とする人が集まって、「こんな美しい花を見ました」「富士山がきれいだったので撮りました」など、写真を中心にしたコミュニケーションが展開している。マンガやイラストでも同じような現象が生まれています。

このような素晴らしいサークル、豊かな世界がインターネット上で成立していることは、現代の奇跡のように思います。

しかし、インターネット上であまりにもたくさんの人とつながっている感覚があるために、対面のコミュニケーションは必要ないと感じたり、わざわざ会うための理由がなくて誘えない、という人もいます。

この状況は、大学でも起こっています。学生にとって、他人とのコミュニケーションをＬＩＮＥで終わらせることが、ある種のマナーになっている面があるのです。

ただし、人間関係に物足りなさを感じる人もいます。

このような状況でリアルに会うには、ＳＮＳのやりとりで、お互いの感触を探ってみることが必要です。

素敵なカフェの話題や趣味のイベントの話を振ってみて、「では一緒に行きましょう」という流れになれば一番スムーズでしょう。

一方で、どんな話にもあまり乗ってこない人もいます。

これには二つのタイプがあります。

一つは、リアルに会うことなく、LINEだけでよいという人。

もう一つは、あまりにも鈍いために、自分が誘われていることに気づいていない人です。カフェやイベントの話を単なる話題だと思っていて、自分を誘っていることに気づいていない。このような人だと、はっきり誘う必要があります（もし自分が「鈍い人になっている」と思ったら、意識を変えましょう）。

こんなふうに、ただ相手を誘うにも、SNSのメッセージで心のドアを細かくノックするような段階が必要なのです。

「やっぱりリアルで会う」のがいい理由

今の学生にとって、リアルで会うときに一番ハードルが低いのは、学食に行くことです。学校外の店になると、ハードルが一段階上がります。カラオケになるとさらに一段階上がり、飲み会はさらに上がります。

野球の応援に行ったり、何かのファンでグッズを一緒に買いに行くのは、それよりもっとハードルが高くなります。

リアルへの壁はかくも高いわけですが、**私はやはり、実際に会ってみるのがいいと思います。**

対面で話をしてみると、大抵の場合は、相手への印象がよくなると思います。というのは、実際に会って得られる相手の情報が、SNSの比ではないほどに多いからです。

文章よりも電話で実際に話すほうが、相手の人格がわかります。さらに、実際に会ってみると、その人となりがもっとわかります。リアルなコミュニケーションを避けるのは、食わず嫌いに陥る可能性が高いのです。

文面だけで相手を判断しようとするのは、小さな鍵穴から相手を覗《のぞ》くようなもの。ごく限られた情報だけで人と付き合うのは、とても労力が必要なことなのです。

話は少し変わりますが、インターネットを介した詐欺が増えているのは、相手を判断する情報が限られているからだと私は思います。

よい人だと思っても実際に会ってみると、ちょっとした表情や仕草から「この人、怪しいな」と簡単に気づくことができるでしょう。文面だけではなかなか見分けることが難しいのです。文章だけのやりとりで、相手をわかったつもりにならないようにしたいですね。

ビジネスでも一度は会っておきたい

個人的な人間関係に限らず、ビジネスにおいても、対面の機会はつくったほうがよいと思います。頻繁に会う機会は設けずとも、どこかのタイミングで一度会ってお互いの人格を把握しておけば、その後はＳＮＳのやりとりでも問題なく進められるでしょう。

リモート会議も便利ですが、参加人数が多いと画面に表示できないこともあります。そうなると、一体誰が参加していたか、正確に把握できません。対面の会議ならば、「何か意見がありそうだな」と思ったメンバーが一目でわかります。

相手に何かお願いするときも、SNSでメッセージを送りながら反応を探るより、対面のほうが話が早い場合が多いでしょう。

たとえば「〇〇はどうでしょう」と言って相手が少し躊躇したら、その雰囲気で「これはダメだな」とわかります。そうしたらその場で何が嫌なのかを判断して、違う提案もできるかもしれません。メッセージやメールだと、相手に遠慮した言い回しになるので、本当の気持ちを判断するのが難しいのです。

オンラインのコミュニケーションは、大変有用なことは間違いありません。しかし、対面のコミュニケーションは、人間関係をつくる大事な機会でもあります。「世の中すべてコスパ重視」といって会議や飲み会を排除してしまうと、**自分がそこに所属しているという意識がだんだん薄れてきます**。すると、自分を取り巻く人間関係も、だんだんとうっすらしたものになっていきます。

わずらわしさのない軽い人間関係、手軽なコミュニケーションは確かにラクで効率的ですが、余ったその時間で何をするのでしょうか。

ひたすらサブスク動画を観るような毎日がそんなに嬉しいことなのか、もっと充実できることもあるのではないかと思います。

第5章

広い人間関係をつくる

知り合いは多いほうがいいですか？

人間関係は広いほうがいいのか、狭くても深いほうがいいのか。
様々な考え方がありますが、まずは「広める」ことに挑戦してもよいと思います。
そこから自分が心地よい人数に落ち着いていけばよいのではないでしょうか。

人間関係を広げるにあたって、様々な会合や集まりがあります。
そこでこの章では、そうした場での人間関係のつくり方や、集団でのコミュニケーションのとり方についてまとめていきたいと思います。

SNSで孤独がなくなる

インターネットやSNSのおかげで、人間関係があっという間につくれるようになりました。

私は大学での3日間の集中授業のとき「知り合いの人数を極端に増やしてみる」というワークを行ないます。大教室にいる全員とLINEでつながってみて、どんなコミュニケーションができるのか、実際に試してみるのです。

教室にいるのは、大体150人くらい。全員がつながったところで、「各自、自分が今おすすめのものを、画像でもなんでもいいのでアップしてください」と指示します。

すると、全員分のおすすめが画面上にダーッと流れていきます。150人なら150人全員と一瞬にしてつながる、これはすごい体験です。

このような環境下では、今までと違う形での人とのかかわり方が生まれてきます。一人ひとりが濃密にかかわらなくても、大勢の人が少しずつでも参加することで、結

宮本浩次さんが作詞をした「歴史」に関する投稿

齋藤孝（本人）
@saitomethod

エレカシ宮本浩次さん作詞の「歴史」は、森鷗外の口語体の輝きは『渋江抽斎』で極限に達したという画期的な歌詞。歌詞に渋江抽斎！小学生に伝えたい詞。抽斎の妻五百（いお）は狼藉者に短刀と熱湯で立ち向かった。鷗外のおかげで五百がこの世に刻印された。

#エレカシ
#宮本浩次
#森鷗外
#渋江抽斎

午後11:26 · 2023年5月19日 · **11.7万** 件の表示

構な量の知恵を蓄積していける。「友だち」とは少し異なりますが、意見や意思を瞬時に交わし合える「仲間」といえるかもしれません。

また、以前、エレファントカシマシの宮本浩次さんが作詞をした「歴史」という歌について、Xで投稿したことがありました。すると熱量のあるファンの方がたくさんリポストしてくれた。私はそこに一体感を感じました。

何かしらの「推し」がいれば、SNS空間上で誰かとつながることができる。

孤独というものがなくなりつつある社会なのかもしれません。

パーティーではどんなふうに振る舞えばいい？

パーティーなどの会合では、様々な人と仲良くする

or

パーティーなどの会合では、たった一人仲良くできそうな人が見つかればいい

パーティーでは新たに一人と話せればいい

レセプションやパーティー、会合など、大勢の人が集まる場は、人間関係を広めるまたとないチャンスです。

しかし、「結局、知っている人とだけ話して終わってしまった」という結末になることがあります。これはちょっともったいないですよね。

私は今の大学に勤務しはじめた頃、同じ大学のある先輩の先生から、こんなアドバイスをいただきました。

「こういう場所でみんなと知り合いになろうとすると疲れてしまう。一度の集まりで、新しく一人の人と仲良くなろうと思っておくといいですよ」

なるほどと思った私は、以来それを実行するようにしました。「一人と仲良くなれたら目標達成」と考えれば、大きなパーティーでも気負わずに参加できます。1回で一人でも、5回あれば5人の親しい人ができる。そう思うと、参加するモチベーションも高まりますし、へんに緊張することもなくなりました。

誰に声をかけるのか

知っている人が誰一人いない場合は、同じように手持ち無沙汰にしている人に声をかければよいでしょう。

もし事前に参加者がわかっているなら、顔は知っているけれど会話をしたことがない人や、SNSでつながっているけれど実際に話したことがない人などに、声をかけてはどうでしょうか。

「以前からお顔だけ拝見していたのですが……」

「SNSではやりとりさせていただいていましたが……」

などと挨拶します。名刺交換やLINEの交換ができれば、新しいつながりができたと考えてよいでしょう。

何も目標がないまま漠然と参加するのではなく、「今日はこの人と仲良くなりたい」と意識できると、有意義な会にもなりますね。

目の前にあることからでもきっかけはつかめる

話しかけるときには、ある程度相手の情報を知っているほうがスムーズです。しかし、事前情報がない場合にはどうすればいいでしょうか？

話を広げるきっかけは、実はなんでもあります。たとえば立食パーティーのとき、寿司を取ろうとしたら、相手も寿司を取ろうとしていた。しかし目の前にはウニが一つしか残っていなかった。「どうぞ、どうぞ」と譲り合いながらも、「お寿司はすぐなくなりますよね」など、目の前の料理の話をきっかけに自己紹介に移っていく。

このように、特別な話を用意していなくても、その場の状況からネタを拾っていけばいいのです。極端な話、鶏の唐揚げからでも話ははじめられます。お皿に取り上げる順番を待ちつつ「唐揚げ人気ですよね」と、話しかければすぐに会話がはじめられます。

続けて「私は○○に勤務していまして……」と自分の情報を開示します。相手のことを聞くよりも先に自分がどんな人物かを開示することで、怪しい者ではないことを伝えます。

共通の知り合いがいることがわかれば、話は早いですね。「友だちの友だちは、皆友だちだ」は真実です。「あの人の知り合いですか！」と、一気に信用が高まるでしょう。特に地方都市ではこの傾向が強いです。

一方、都市部は、地方と違ってお互いのバックグラウンドが異なることが多く、共通の知り合いがいないこともあります。そんなときに役立つのが、「旬」のネタです。旬のネタを使うと「今テレビで報道されていますけど、大変ですよね」などと、話をつなぐことができます。

●スマホを使えば会話は続く

情報をつなげたり共感を深めたりするときに、スマホを使うこともおすすめです。たとえば飼っている猫の話が出たら、

A　あ、かわいいですね。うちも猫を飼っていて。

B　どんな子ですか？

A　まだ7か月なんです。いたずら盛りで……。（スマホの写真を見せる）

B　わあ、かわいいですね！　うちは12歳になったんですよ。（スマホの写真を見せる）

と、自然に会話が続きます。スマホの情報伝達力は高く、画像や動画を見せれば、言葉で説明しなくても言いたいことがすぐに伝わります。

画面を見せ合いながら、その流れでＬＩＮＥを交換する。そんなやりとりもスムーズにできるでしょう。

「話す」前に、拒否されない下準備

アイコンタクトで声をかけていい人かどうかを見極める

最初に話しかけるときの一声としては、「あ、どうも」が基本だと思います。

日本人のコミュニケーションは、「あ、」から一拍空いて「どうも」というリズムではじまります。「どうも」は口に出さなくても、会釈で伝える感じでしょうか。

これができるだけで、話しかけたのと同じことになります。目を合わせて軽く会釈すれば、最初のコミュニケーションは成り立つのです。

「そんなこと誰でも知っている」と思われるかもしれません。

ですが、やってみると、これがなかなか難しい。まず、アイコンタクトができない。アイコンタクトの推奨時間は1秒です。2秒以上だと、相手は少し気持ち悪さを感じます。1秒アイコンタクトしたら笑顔で軽く会釈して、「あ、どうも」「こんにちは」と続けましょう。

「どうも」という挨拶は、誰かは思い出せないけれども相手は自分を知っていそうなときなど、あらゆる場面で使えます。

目も合わせず、会釈もせずにいきなり話しかけるのは、相手を怖がらせてしまいます。相手との意思疎通をスムーズに運ぶためには、日本人的なたわいのない挨拶もできるようにしておきたいものです。

話し方や声は、意識して「安心できる」トーンにする

相手に「感じのよい人だ」と思わせるには、会話の中身以外の要素も大切です。たとえば「声」。普段は意識していないかもしれませんが、話し声には、相手に怪しまれないトーンというものがあります。相手に受け入れてもらうには、話の面白さ

以前に、相手が安心できるトーンの声が出せているかを気にしたいものです。

カラオケに行くと、自分の声の音域に合わせて、キーを調整すると思います。それと同じ感覚で、自分の声の音域のうち、やさしくて柔らかなトーン、押しつけがましくなく、スッと会話に入れる声の高さや大きさはどれくらいなのかを探し当ててください。

また、話し方も、ガツンと入るよりも、和やかな雰囲気でやさしいしゃべり方をするほうが相手は安心します。

なお、ソフトな話し方の人は、話の中身がハードでも受け入れられやすくなる利点があります。最初からガツンといくと、相手から身構えられてしまうからです。

仕事でも活用できるので、意識してみてください。

遠慮しすぎると挙動不審に見えることも!

話しかけるときのタイミングも大切です。

ポイントは、遠慮しすぎないことです。タイミングをはかりすぎて躊躇していると、傍目には挙動不審な人に映ります。ためらわずにスッと明るく、「あ、どうも」と会話に入るのがベストです。

なお、会が終わったあとは、なんらかのフォローをしましょう。

ビジネスの場合、初対面のときに名刺を交換することがあります。

その後、そのままにしておく人もいますが、一度「今日はありがとうございました。勉強になりました」とメールしておくと、次に連絡したいときにつながりやすくなります。

何年かたったあとでも「あのときの○○でご挨拶させていただいた◎◎です……」といった感じで連絡をとることができます。

最初に声をかけるときは「あいまい」がいい

もう少し仲良くなりたいと思う相手が異性だった場合、ともすると自分をよく見せようと無理をしてしまいがちな人もいます。しかし、最初の会話はあくまでさりげなく、自然にします。

たとえば、「以前、どこかでお見かけしたでしょうか」といった、少し漠然とした質問をしてみます。

A　以前、どこかでお見かけしたでしょうか。○○大学にいらっしゃいませんでしたか？

B　ええ、通っていました。

A　今日は、どんなことでいらしたのですか。

B　いやいや、ちょっと様子を見に来てて。

A　あ、こちらも同じです。ちょっと様子を見に。

何を聞いているのかわからない質問ですが、**あいまいなやりとりからはじめて、お互いに同調していくような流れでつながることを目指しましょう。**

初めの一言が、「どちらからいらしたんですか⁉」という前のめりの口調だと、少しきつい感じがします。その場の空気感を乱さないよう、ややふんわりとした雰囲気がいいと思います。

ただし、最初の会話やアイコンタクトの結果、相手が自分に対してオープンではないなと感じるならば、それ以上無理をしないのが賢明でしょう。

相手が楽しそうに聞いてくれるからと勘違いしてはいけない

ところで男性の場合、相手の女性が自分にオープンかそうでないかを判断するのは、非常に難しいです。

なぜなら男性は、コミュニケーション力が非常に高くて誰とでもオープンにコミュニケーションができる女性と、自分に対してだけある程度オープンに話してくれている女性の区別がつけにくい傾向があるからです。誰に対してもオープンに話す女性に対して、「自分のことを特別に気に入っているのだ」と思うと距離感を間違えることもありますので、気をつけてください。

大勢の集まりで一人になりがちなのは、なぜですか？

何かの集まりでも、なぜか一人になりやすい、という人は、こんなことを意識してみてください。

目線が下だと話しかけづらい

「街で見かけたけれど、声をかけづらそうな雰囲気だったので……」とか「何だかいつも怒ってない？」と言われやすい人の多くは、目線が下を向いています。

これはアイコンタクトがしづらい状態です。そのため、コミュニケーションを拒否しているように映ってしまいます。

自ら「近寄るなオーラ」を出したい場合は別ですが、誰かと楽しく過ごしたいときには残念な状況です。

目線を上げて、心の中で「あ、どうも」のタイミングをはかる練習をしながら歩いてみましょう。周りに対して軽く反応できるセンサーを張り巡らせると、他人に与える雰囲気が柔らかくなります。

表情が変わらない人にも声をかけづらい

あまり表情が変わらない人にも、声をかけづらいです。これは45歳以上の男性に多いですが、年齢を重ねると、だんだん表情筋が動かなくなっていきます。軽く体を動かしたり、手先をこすって温めるなどして、筋肉を目覚めさせましょう。トイレの鏡に向かって笑顔をつくったり、声を出さずに「アイウエオ」の発声練習をしたりしてもいいですね。

面白いことに、講演会などで千人のおじさんを相手にするときに、その場で軽くジャンプしてもらうと、とても盛り上がるのです。表情筋も緩んで、よく笑うようになります。

とはいえ人前でジャンプばかりするのはおかしいので、軽く膝を曲げ伸ばしするなどして鈍った細胞を目覚めさせ、快活な気分を取り戻しましょう。

間口を広げる

自分自身のコミュニケーションの間口を広くしておくことも大事です。

今の社会の傾向として、男女にかかわらず、相手を受け入れるかどうかを第一印象のみで判断してしまう方が多い印象を受けます。宅配便のやりとりのように、玄関先でチラッと見て荷物だけ受け取り、すぐにドアを閉めてしまう。

他人に対する警戒感が非常に高くなっているように思います。

間口が狭いと、そもそもの出会い自体が成立しにくくなります。ですから、自分の側の受け入れ窓口は、できるだけオープンにしておきたいものです。

気が合う相手を狙って一本釣りするのではなく、誰でもどうぞという感覚でゆったりと待つ。目が合ったら軽く会釈をして、「あ、どうも」と話に入る。

そんな余裕のある姿勢が、人の関心を引きつけるのではないでしょうか。

「乗っかる」のがうまい人は、知り合いも多い

人間関係を広げるには、自分から「乗っかっていく」のもよいと思います。関心のある集まりがあったら、そのメンバーに入っている知り合いに声をかけて、自分も参加させてもらうのです。

教え子の一人に、それがとてもうまい人がいました。

たとえば何かの集まりがあったとき、その教え子にはあまり関係がない場合でも「一緒に飲み会、いいですか？」と、悪びれずに参加してきました。

「単位には関係ないんですけど、先生の授業が面白いから、聴講させてもらっていいですか？」と、ずっと授業に出ていたこともありました。

就職したあとも、どういうつながりなのか、彼は私が対談をした相手の方と飲み仲

間になっていました。「そういえば彼、齋藤さんに教わっていたと聞きました」と話題に上がってびっくりしました。

彼は「関心がある人」「一枚噛んでおきたいこと」があれば、「じゃあ、一緒にいいですか」と気軽に声をかけることができる。そうやって人間関係をどんどん広げていくことができるのです。

相手にうまく乗っかる人の例として、ある大御所芸人さんがおっしゃっていたことが印象に残っています。

その人には、弟子になりたい人が大勢来て困っていたそうです。どうにか目に留めてほしくて、目立つことや奇抜なことで気を引こうとした人もたくさんいたそうですが、「そんな奴はちょっととりづらいんだ」と。

「どういう人ならいいんですか」と聞くと、「酒飲んでいろいろ話していたら、いつの間にか隣にいるみたいなのが一番いい」のだそうです。

つまり、弟子の誰かと知り合いになって、飲み会になぜだかちょっと入らせてもらって、気がついたら横でお酌をしていた、そういう入り込み方ができる人がいいということですね。

「遠慮」の神経回路をオフにする

「自分もいいですか？」と聞くのは、少々勇気が必要です。しかし、相手がどう思うかばかりを気にしても仕方がありません。ここで必要なのは、軽く無神経になってみること。「遠慮」という名の神経回路を一度オフにして、明るく聞いてみるのです。

知らない人ならまだしも、仲介役になってくれそうな知人に聞いてみるだけなら、それほどハードルは高くありません。

「もしかしたら、ご一緒させてもらうとかって、できませんかね？」と聞いてみましょう。カジュアルな会ならあまり断られることもないと思います。

「今回は、どうしても難しいから」と断られても、それは**自分が否定されているのではなく、タイミングが合わなかった**と考えましょう。落胆せずに「そうですか、また次にお願いします」と、明るく言っておきましょう。

「メリットがある人」とだけ付き合えばいいか

「友だちの友だちは皆友だちだ」という言葉は、人間心理の真実を突いていると思います。

不思議なもので、たとえ初対面の相手でも「私、○○さんと親しくて」「えっ、○○さんをご存じなんですか、実は私も」と、共通の知人がいることで、一気に相手との距離が近づきます。また、共通の知人の存在が自分の信用を高めることにもつながります。

人間関係は1対1でつながるものではなく、ネットワークの編み目のようにつながっていくものです。ですから、知り合った相手を自分の直接の利益のために今すぐにでも利用しようと考えずに、いつか自分を必要とする誰かとつながるかもしれないという姿勢で付き合ったほうがいいと思います。

同様に、今すぐに自分にメリットを感じられないからといって、ぞんざいな態度をとるのもいけません。

「友だちの友だち」理論を悪用するのが、詐欺師やマルチ商法です。もし、集団の誰かが引っかかってしまった場合、「知り合いだから」という信用を悪い方向に使われ、その集団の人間関係が破壊されてしまいます。

人間関係を自分の利益のために使わない。この原則はしっかりと守りたいものです。

集団の中で好感度の高い話し方は？

自分の番だと思ったら、すかさず入る

or

誰かの話に共感しながら、自分の話をする

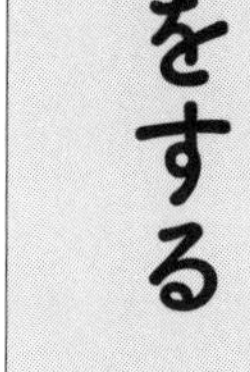

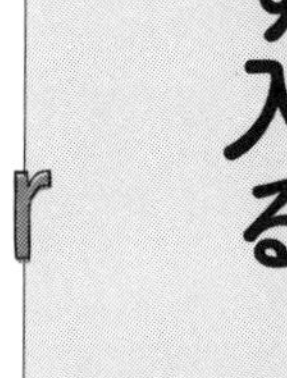

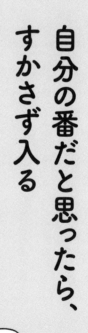

集団の中で好かれるのは「受ける」＋「コメント」＋「第三者に振る」

集団の中での会話は、相手から話を振られたら、①その話に共感しつつ、②自分の話をして、③第三者にバトンを渡す。これが基本スタイルです。

話題を引き受けつつ、その話にかこつけて自分の話をしていくわけですね。

A　今話題のマンガの〇〇、いいですね。私もすごく好きで、よく読んでいます。

B　〇〇、いいですよね。この間知ったばかりで、ほかの作品も読んでみようかなと思っています。Cさんはマンガは読まれますか？　何かおすすめはありますか？

C　私も〇〇は好きですよ。今、ウェブサイトに限定公開の短編が出ていますよね。Dさんは、ネットのコンテンツに詳しいから、ご存じじゃないですか？

D　はい。主人公の子ども時代のスピンオフなんですけど、意外な設定で面白いです。

（全員にスマホを見せながら）今度オンライン鑑賞会とか、やりたいですね。

ABC　わあ、いいですね！

話題を受けるときは、「〇〇、いいですよね」と素直に受けて、「〇〇といえば」と話の間口を広げていきます。

このとき、周囲を見ながら、ほかの人にも話題を振っていきましょう。その場に5人いるとするなら、その5人が全員会話に参加できるように配慮しましょう。

くれぐれも、少ない人数で盛り上がって閉じた世界をつくってしまったり、誰か一人が延々と話して、一言も発言しない人ができてしまう、ということのないようにしたいですね。

私は会話のリーダーというのは、一番たくさん話す人ではなく、みんなが楽しく話せるように配慮する人だと思っています。

テレビでも「裏回し」といったりするのですが、誰か話していない人がいると、さりげなく話を回して、みんなが盛り上がれるようにする役割の人がいます。

ＭＣでいえば、明石家さんまさんは、事前に収集しておいたゲストのエピソードを、本番で必ず一人に一つは聞いていきます。その割り振り方は、わけへだてなく非常に平等です。そして相手が一般人でも、話を盛り上げてスターにしてしまうのです。それを見ると、本当に感心します。

みんなが気持ちよく過ごせるように「当事者意識」を持って会話に参加している人は、やはり好かれます。「次もぜひ来てほしいな」「また会いたいな」と思われるのです。

「うまく話に入れない」と思っていても、「参加」はできる

集団の中でどうしてもうまく話せないと感じるなら、場の空気に同調することを意識してみましょう。

その場にいる人たちの話の流れに合わせて「そうだよね」と同調したり、みんなが笑っているときには同じように笑ったりして、その場の空気の流れ、テンポに合わせていくのです。

自分が中心になって話をしなくても、相づちを打ちながらみんなを盛り上げるなど、**よい「聞き役」として存在することも、コミュニケーションの技術の一つ**なのです。

大事なのは、その場に自分も楽しく参加しているという姿勢でいること。

「ひょっとして、うまく入れていないのかな」と思っていると、それが仕草や表情に

表れるからです。すると、自分の周りだけが堅苦しい雰囲気になってしまいます。

とにかくキーワードだけ繰り返す

どうも話に参加しづらい……という場合は、会話の中で聞こえた単語（キーワード）を繰り返すのがおすすめです。ただそれだけでも、会話の輪に入っているような印象を周囲に与えますし、自分自身もそんな気持ちになります。

A　聞いて！　この間初めて東北新幹線のグランクラスに乗ったんだ。
B　へえ、グランクラス！
A　グランクラスってね、食事がついてくるんだよ。すごいよね。
B　えー、食事が？
A　でも、プレゼンの資料を仕上げなければいけなかったから、ゆっくり味わえなかったんだ。ちょっと残念。
B　ゆっくり味わえなかったんだね。ざんねーん。

このように、**キーワードを相づちの代わりに使う**わけです。

この方法は、テレビに出ているお笑い芸人もよく使っています。芸人さん同士のトークをよく聞いていると、会話中のキーワードを上手に使って盛り上げているのがわかります。

バイオリンではなく、ティンパニの役割を

本来、集団の中では自分の話を聞いてもらおうとするのではなく、いいタイミングで合いの手を入れるなどして楽しむだけでも十分なのです。

オーケストラの楽団員でいえば、ずっと演奏しているバイオリンではなく、時々出てくるティンパニの役割です。それでも、ほかの人は「一緒に会話に加わっているな」と思うのです。

出ずっぱりではないけれど、演奏を盛り上げるのには欠かせない。そんな役割ができれば、もっと会話を楽しめるはずです。

クリエイティブな場をつくる

「場をつくる人」として、少しビジネスに役立つ話もしておきましょう。

コミュニケーションには、大きく3つの段階があります。

これを順にA、B、Cとします。

まずはA。これは「**雑談**」の段階。あまり意味を含まない会話です。雑談とは、何気ない会話で人間関係をつくるコミュニケーションです。

次にB。これは「**意味のやりとり**」です。ビジネスの場面では、ここが大事になります。相手の言うことを要約して理解することができ、その意味を相手とやりとりするコミュニケーションです。

コミュニケーションの3つの段階

A：何気ない会話で人間関係をつくる

B：意味のやりとり

C：アイデアを出す

最後がC。「**アイデア**」を出すこと。会話をしながらアイデアを出せる。これこそがクリエイティブな関係性であり、今の時代に最も価値があることです。

この三つができると、完璧なコミュニケーションがとれる。私はそう考えています。

では、A、B、Cをすべて達成できるコミュニケーションとは、どんなものでしょうか。

それは、たとえば悩み事を相談されたとき、相手の話に共感して（A）、何を悩んでいるのか要点を理解し（B）、その上でちょっと面白いアドバイスができること（C）。そして相手も、そのアドバイスを否定せずに「やってみます」と前向きに答えられること（C）です。

つまり、現状を変えるためのポジティブなコミュニケーションを成立させることなのです。

発想が出てくる場をつくる

クリエイティブな発想を生み出すには、アイデアが出てくる場をつくることが必要です。

そのためにできるのは、相手が出してくるアイデアを歓迎すること。否定せずにほめること。いわば、アイデアの誕生を「祝う」ことです。

ほめるのは、最強のコミュニケーション技術です。アイデアが出たら「おー」でもなんでもいいので、一言、ほめる言葉がほしいのです。

「えー、すごい」「真似できない」「絶対思いつきません」「すごい発想」「さすが」など、素直な反応を伝える。とにかく、マメに。必ずほめると決めておいてください。

会社のプレゼンなどの場であれば、発表する人は、自分の提案が受け入れられるかどうか、常に不安に思っています。

はっきりとしたほめ言葉を伝えることは、発表した相手のストレスを減らし、次に何かアイデアを出すときのモチベーションになります。

アイデアを重ねる

アイデアが一つ生まれたら、さらにそこにほかの人のアイデアを重ね合わせていきましょう。「一つ出たからもう終わり、これ以上思いつきません」というのは、当事者意識が足りていません。たとえ何も思いつかなくても、無理やりにでも出し合っていきます。へんなアイデアでもなんでもいいから、とにかく絞り出していくのです。

「今のアイデアは○○でしたが、○○といえば……」と、「〜といえば話法」を使えば、アイデアを重ねていくことができます。「その技術だったら、ほかの××にも使えますね」「それをこの分野で展開してみることもできそうです」などと、出てきたアイデアに触発されて、さらにそれをブラッシュアップしていく。そして「よく考えつきましたね！」「これはすごい！」と、それぞれのアイデアをほめたたえていくわけです。

たとえば、「甲子園の高校野球のバックネット裏の席が特定の大人たちによって占められがち」という問題があったとします。

そのときAさんが、「大人じゃなくて子ども用の席にしては？」とアイデアを出したとします。

それに重ねて、

「野球をやっている子どもたちがいいのでは？」

「では、ユニホームを着てもらって。招待ということで」

など、Aさんのアイデアから考えられることをどんどん話してみます。するとアイデアも広がっていきます。

出したアイデアがその場で採用されなくても、がっかりしてはいけません。

ずっとあとになって「そういえばあのときのあれ、使えないいか」という流れになる

ことは、仕事では結構あります。そうやって、ずっと言い続けていたアイデアが、ふいに実現することもあるのです（私もそういうことが結構あります）。

クリエイティブなコミュニケーションにおいて、アイデアは会話をつなぐピースです。出し続けることが大事なのです。

「なんでもベスト3」方式でアイデアの素を用意する

よいアイデアを出すには、以前に話した「なんでもベスト3」方式で、自分がよいと思ったアイデアの例を見つけて、頭に留めておくことが大事です。世の中を見回して、「このアイデアはいいな」と思ったことをメモしておきましょう。

たとえば私は、プリクラ（プリントシール機）が世に出たときにはすごいなと思いました。写真をその場でシールにして交換できるとは面白い、と感心したものです。カラオケボックスも感心しましたね。それまでカラオケは、店の中にあるステージで、ほかのお客もいる中で歌うものでした。それを個室にして、ボックスと名づけるアイデアは、すごいと思います。

無印良品も、素晴らしいネーミングですよね。四文字熟語で、かつ字面でどんなブランドか、そのコンセプトまで伝えられている。すごいアイデアです。

私が思うコミュニケーションの最良の形は、**「アイデアを出し続けて、みんなで笑う」**というものです。アイデアを出し続けることが苦痛ではなく、むしろ遊びに近くなっていく。最終的に採用されるアイデアは一つだったとしても、その過程が楽しいのです。

クリエイティブなコミュニケーションが広がっていけば、日本は変わる。私はそう思っています。

先ほどコミュニケーションのABCについて話しましたが、それは、アットホームな雑談のA、ビジネスライクな会話のB、クリエイティブな会話のCとも言えます。

ドイツの哲学者ニーチェは、著書『ツァラトゥストラはこう言った』の中で、精神の三段階を「ラクダとなり、ラクダから獅子となり、獅子から幼子になること」と言っています。人が最終的に自立し新しい価値を見つけるには、幼子になること＝クリエイティブな存在になることだと述べているのです。

義務感も嫉《そね》みもなく、遊びを創出している祝祭的な存在こそが、現実を変えていく。だからこそ、子どものように自由にコミュニケーションがとれる場をつくること、場をクリエイティブにすることが、日本をもっと活性化するのではないかと思います。

せっかく会ったのに、人の顔と名前が覚えられない……

たとえば、何人か初対面の人がいるグループで会話をした場合、そのときは盛り上がっても、あとで相手の名前を忘れてしまう、ということがあります。

それを防止するポイントは、「**空間で把握すること**」です。
会議なら、机の配置を描いて、どの席に誰が座っているかをメモします。
すると、あとから思い出したときに、「あ、あの席に座っていた◎◎さんね」と思い出しやすくなります。

ちょうど、野球選手をそのポジションで覚えるのと同じ感覚ですね。ファーストを守っている人と、サードを守っている人を間違えることがないのと似ています。

配置で覚えよう

配置を記したら、その人物の印象も書き添えます。これで、かなり記憶に残すことができるはずです。

SNSで好感度が高いのは、こまめにコメントする人

SNS上で好感を得るには、野球でいえば、全方向に打ち返すマルチヒッターになることです。とりあえずすべてに反応する、こまめにコメントを返すことです。

ある授業で、全員が出した作品にLINE上でコメントをつけるというワークを行ないました。**そのとき一番人気があったのは、全員にコメントをつけた学生でした。**しかも、内容が丁寧でとてもやさしかったのです。その学生は大人気でした。

授業の出席者20名一人ひとりに丁寧にコメントした、そのエネルギーがきちんと届いたからこそ、その学生は相手に感謝されたのです。それを見て、相手へのリアクションやコメントを返すことは、とても生産的な行為なのだと感じました。

他者に対してまんべんなく関心を持てること、すなわち社会性が高いこと。そのこと自体が、好感を持たれる要素なのです。

おわりに

今は、様々な価値観があり、誰もがそれぞれの考え方を優先する社会になっていま
す。
そうした中で、お互いに負担なく話ができる相手がいることは、私たちが大切にす
べき価値の一つであるように思います。
「話す」というと、私たちはどうしても、面白い話をしたり中心になって話をしたり
する人が、価値が高いというような見方をしがちです。
しかし実際には、そこまで前に出なくても、十分「その場で大切な人」になれるの
です。

そして、自分のペースで会話ができる人と巡り合うことができれば、それは一生の宝になるでしょう。

何より、**一番大切な人というのは、「何気ない会話を長く続けられる人」**であるように思います。

朝までつい話をしてしまうような友人はもちろんですが、家族や配偶者などとは、生活の中で何気ない会話を積み重ねながら、人生を歩んでいきます。

一生をともにする人は、見た目や経済力よりも、「何気ない会話ができるかどうか」が一番大事なのです。

本書が、あなたの毎日を、より豊かなものにすることを願っています。

2024年5月

齋藤　孝

付録・コミュニケーションの14のコツ

1　〇〇といえば方式

相手の言った言葉の中から一つ単語を選び、その単語を使って「〇〇といえば～」とつなげれば、話が続いているように感じられます。

2　沿いつつずらす

相手の言うことを絶対に否定せずに「ですよね～、〇〇ですよね～」と言って、少し話をずらしていくというやり方です。好感度が上がりますね。

3　ほめコメ

人をほめるコメントをしてみると自分も気分がよくなります。何か贈り物をした気分にもなりますよね。1日1回やってみてください。

4　リアクションは大きめに

リアクションは大きめにしたほうが相手に喜ばれます。

5　相手が話したいことを聞く質問

自分が聞きたいことを聞くのではなく、相手が話したそうだなということをちょっと聞いてあげる。すると相手が話しはじめます。これが大人の質問です。

6　偏愛マップを使おう

偏って愛しているものをマップのように図にしたものを見せ合いながら話すと、ずっと話が盛り上がります。

7　相手がエネルギーをかけたところにコメントする

誰かが何かをやってくれた。そうしたらその人がエネルギーをかけたところに対してコメントをします。「どこに力を注いだんですか」「そうですか、すごいですね、頑張ってますね」とほめます。

8 「へぇ」と驚く

相手の話に対して「へぇ」「えー」と驚くと、相手が面白い話をしていると思ってくれます。

9 質問を用意しておく

話をしているときに、頭の中で二つくらい質問を用意しておくと会話が続きやすいです。質問は会話の潤滑油です。

10 挨拶＋αの雑談力

「こんにちは。あっ、そういえば、○○はご覧になりました？」など、挨拶に＋αの何かを付け加えると、雑談力が上がります。

11 アイコンタクト1秒

アイコンタクトを1秒くらいしてから言葉を話すと、意識の線がつながって話がしやすくなります。2秒以上だとうっとうしくなるので、1秒くらいでやってみてください。

12　ストップウォッチで練習

会話は、キレのいい言葉づかいが大事です。時間感覚を身につけるにはストップウォッチを使って練習するのも効果的です。まずは15秒で練習してみてください。

13　うなずきは多めに

多めでも大丈夫です。呼吸と一緒に「吸って吐く」のタイミングでやっても大丈夫です。

14　オープンにしていい情報を用意！

今は個人情報が重視される時代です。自分がオープンにしていい内容を積極的に出しておくことで、問題を避けることができます。

齋藤 孝（さいとう・たかし）
1960年静岡生まれ。明治大学文学部教授。東京大学法学部卒。同大学院教育学研究科博士課程を経て現職。『身体感覚を取り戻す』（NHK出版）で新潮学芸賞受賞。『声に出して読みたい日本語』（毎日出版文化賞特別賞、2002年新語・流行語大賞ベスト10、草思社）がシリーズ260万部のベストセラーになり日本語ブームをつくった。著書に『いつも「話が浅い」人、なぜか「話が深い」人』（詩想社）、『大人の語彙力ノート』（SBクリエイティブ）、『話がうまい人の頭の中』（リベラル新書）等多数。著者累計発行部数は、1000万部を超える。テレビ出演多数。

「考えすぎて言葉が出ない」がなくなる

2024年 6月20日 初版印刷
2024年 6月30日 初版発行

著　者　齋藤 孝
発行人　黒川精一
発行所　株式会社 サンマーク出版
〒169-0074 東京都新宿区北新宿2-21-1
電話　03（5348）7800
印刷・製本　中央精版印刷株式会社

ISBN978-4-7631-4118-7 C0030
ホームページ https://sunmark.co.jp